AF467655

MYSTÈRES

DU SUFFRAGE UNIVERSEL

ET

DE L'HOMME POLITIQUE, HISTORIQUE

ET

CONTEMPORAIN; DU DROIT SOCIAL ET DU DROIT CONVENTIONNEL.

Par Noël PICOT,

Auteur des *Études du Républicanisme et du Socialisme.*

Prix : 2 francs.

PARIS
DÉPÔT, GALERIE DE LORME, 30 ET 32.

1850.

MYSTÈRES

DU SUFFRAGE UNIVERSEL

ET

DE L'HOMME POLITIQUE, HISTORIQUE

ET

CONTEMPORAIN; DU DROIT SOCIAL ET DU DROIT CONVENTIONNEL.

Par Noël PICOT,

Auteur des *Études du Républicanisme et du Socialisme.*

Quoi de plus pénible à comprendre que la position où l'individualisme humain, étant libre, joint à une législation tout exceptionnelle appliquée aux individus, a conduit et placé les membres et la nationalité française? Quoi de plus irrémédiable et quoi de moins croyable pour la généralité de ses membres? C'est à croire à sa destruction inévitable. Mon but est donc, par quelques citations, d'en dévoiler les mystérieuses combinaisons, de ne convaincre que par des preuves matérielles de conscience acquise par les résultats, et de connaître de la valeur des innovations qui sont possibles aux facultés humaines. La nation française est arrivée à son dernier période de personnification d'individualisme et d'égoïsme; elle se croit impuissante devant les développements antisociaux. Je dirai donc que deux questions réunissent en elles maintenant les solutions de ces deux grands problèmes de régénération ou de destruction entière de la société : la première, c'est de répondre pourquoi, étant en présence de sa destruction inévitable d'ensemble, elle n'y remédie pas, puisque cela est possible. Je répondrai à cela que les membres de la société ne veulent pas croire que ce n'est plus le fait de l'individu ou d'une coterie, mais bien d'une minorité redevenant assez puissante, quand au contraire ce ne peut plus être que le fait de la majorité des hommes délégués à cet effet par le suffrage universel. Puisque ce n'est plus le fait possible à l'individu et à sa coterie, ce doit être indubitablement un autre fait. Alors cette puissance doit de même relever d'un autre droit; ce droit est et ne peut être que le principe conservateur, le droit social, la nécessité d'existence et d'organisation sociale agissant élémentairement maintenant. Pourquoi donc agit-il élémentairement maintenant? C'est qu'au lieu d'être, comme dans les temps anciens et même contemporains, le fait, possible à l'individu chef ou à une coterie de la société libre, de constituer leurs droits sociaux individuels, d'en être les juges et parties délibérantes, ils ont perdu leur puissance prestigieuse envers le peuple, parce qu'ils ne lui firent des concessions que trop tardives. Vu que ce ne fut toujours qu'en présence de la révolution ou de l'insurrection, et que ce fut toujours le droit du plus fort qui prédomina et fut le seul droit de chacun d'eux, ce qui rendit les révolutions et insurrections aussi légitimes que leur prise de possession, il suit de ces faits que maintenant le plus fort n'est plus l'individu ou sa coterie, mais bien le peuple à l'état instinctif de conservation des ensembles. Est-ce une raison, s'ils devinrent libres et peuple souverain, pour qu'ils aient été conduits par des hommes souverains, sinon d'eux-mêmes, qu'ils n'aient été guidés que par leurs sens matériels, pour être libres enfin de pouvoir qualifier le plus grand des crimes sociaux, l'insurrection, comme un délit politique, et d'abroger la peine de mort à l'égard des crimes politiques, pour perdre tout espoir de régénération? Est-ce une raison pour que ces faiseurs de systèmes sociaux, au lieu d'augmenter les freins coercitifs, en raison des développements de cette liberté régicide, antisociale, les détruisent tous pour rester libres? De fait, ils devinrent impuissants comme direction d'ensemble ou résistance possible envers les développements élémentaires nécessaires à l'organisation du droit social selon les lois de l'humanité, sans toujours rendre applicables les lois des temps anciens. Voilà donc, quant à la première solution du problème, pourquoi il paraît impossible que la régénération de la société s'opère par elle-même. Comment donc sa régénération est-elle possible maintenant? C'est que l'individu, les coteries, perdent de plus en plus leurs puissances directrices gouvernementales, qu'ils appartiennent comme l'ensemble des membres aux nécessités d'ensemble et individuelles, aux intérêts généraux et particuliers, que toutes ces particularités souveraines, que toutes ces puissances littéraires parlementaires n'ont plus que le souffle destructeur ou régénérateur à faire agir et que le moi instinctif de leur conservation personnelle est le premier mobile de leurs fonctions ou dires; c'est qu'ils ne sont plus que des puissances secondaires faisant les derniers efforts pour ressaisir comme par le passé la direction gouvernementale, qui en fin de compte appartient comme l'ensemble des membres aux nécessités socialisatrices, lesquelles, si elles ne deviennent élémentairement droits sociaux, essentiels, positifs, seront emportées par les nécessités de la faim et les effets progressifs de la misère. Alors destruction entière de la société. Ainsi donc, si, d'une part, il y a résistance contre les nécessités organisatrices des intérêts généraux et particuliers, si ce n'est que par l'insurrection armée qu'elles peuvent s'obtenir, alors une destruction entière en sera la conséquence forcée, inévitable.

Il faut donc reconnaître, d'autre part, que l'insurrection n'est qu'un fait individuel, un fait de minorité, l'homme envahi par le principe destructeur, et qu'il existe un fait de majorité conservatrice, un principe conservateur. C'est donc aux délégués formant la majorité du suffrage universel de ne pas rester des fractions de minorité sans autre homogénéité d'action que celle que leur commande leur instinct personnel, conservateur pour le moment présent, et non pour l'avenir de leurs familles. C'est donc à eux de s'instruire sur les effets des développements élémentaires destructifs de l'émulation par la concurrence, de connaître cette puissance passionnée, irréfléchie, féroce, toute matérielle, qui a renversé religion, monarchie, droit divin et représentatif, pour, enfin, devenir concurrence commerciale et industrielle, liberté illimitée, qui renversera la république, sa dernière ancre de salut, ainsi que le suffrage universel. Dans ce cas, qu'est-ce alors que le principe conservateur et le droit social? Ce sont des faits particuliers à telle ou telle société. Quant à l'ensemble des sociétés couvrant le globe terrestre, c'est une nécessité souveraine, républicaine, peu importe le titre, c'est un principe, et non une idée, d'agglomération d'humains indestructible. Les sociétés ne sont donc que des agglomérations, et chacune d'elles n'est qu'un corps organique d'humains libres ou non de fonctionner, d'agir contrairement aux lois positives, sacrées, de la nature et de son animation. S'ils agissent d'ensemble par n'importe quel motif, contrairement à ces lois, ils ne fonctionnent alors que par la loi de la nature commune à tous les animaux, ne prenant pas conscience de leurs résultats, tout en appelant leurs lois des lois divines, des droits divins obtenus par l'un d'eux, en s'entretenant avec le Créateur de l'univers. C'est ce qu'ils appellent des lois antérieures et supérieures aux lois positives, mais bien supérieures à celles si muables de leur fabrication tant qu'ils sont les plus forts. Alors ils sont libres, comme les animaux, de n'agir que selon les lois de la nature et du plus fort. Ces faits étant avérés par des preuves et résultats trop péniblement matériels, l'essentiel est donc de ne s'en prendre qu'à la liberté individuelle que peut obtenir le membre d'une société, d'en être le propriétaire. Alors ce corps individuel ne sera plus libre de détruire son corps social en le faisant combattre contre une autre société sans autre nécessité que la scienne. Toutefois, restant libre de se détruire lui-même, ce qui n'est qu'un fait personnel et sans importance, quant à l'ensemble, c'est une condition de liberté individuelle que nulle puissance humaine ne peut lui ravir; autrement l'homme est insatiable et n'a d'autre frein que l'insuccès ou la mort, ou la liberté de jouir des désirs de ses sens devenus des nécessités toutes personnelles, quand même elles seraient criminelles devant l'ensemble ou les intérêts généraux, ne voulant et ne reconnaissant d'autre juge de sa propre cause que lui, et cela en condamnant, frappant toute résistance, et cela en soutenant que c'est sa conviction. Tout est là. Tel est l'homme lorsqu'il veut être plus puissant, plus possesseur, plus fort enfin que son droit social, que lui-même, que son droit naturel de facultés. Tels sont les générateurs de développements possibles à ses deuxièmes nécessités d'existence comme humain; ils ne doivent donc être que des conditions subordonnées au droit social. Viennent maintenant les analyses et les résumés des lois d'animation de l'univers, comme de celles toutes particulières à l'espèce humaine et des droits des humains en société, comme de leur droit social positif, qui n'est autre que la science exacte du socialisme, dont je vais établir des comparaisons avec les lois conventionnelles toutes personnelles à une fraction de leurs membres, au lieu d'être la loi des essentialités de développement des deuxièmes nécessités des membres d'une société, si elle veut avoir légitimement le droit de s'appeler une société civilisée et non une société de voleurs et d'animaux insatiables responsables de leurs crimes sociaux comme hommes, et que le suffrage universel peut seul forcer de se civiliser quant à l'avenir.

PROLOGUE.

Le pacte social se résume en ceci. Tout gît dans l'application égalitaire sur l'universalité des membres d'un société, en des freins physiques à l'égard des développements personnels contraires à l'ensemble social ou à autrui.

Régulariser, socialiser, contenir les désirs possibles aux organes humains, ou frapper l'action dans l'homme tel quel qui veut enfreindre cette organisation vitale et mécanique pour tous, c'est purifier, dégager l'esprit de la matière, c'est la conscience prévenue par elle-même, ou c'est l'âme lancée dans ses responsabilités éternelles.

Ce n'est pas l'homme qu'il faut combattre dans son dire, en principe, en systèmes sociaux, en religion, mais bien les actions de ses sens, mais bien les facultés matérielles de ses organes, mais bien en rendant son corps responsable de ses fonctions et actions physiques sociales et envers autrui. Tout est là.

Les membres tels quels d'une société ne sont que ce que les gouvernementants leur permettent d'être. Telles lois, telles mœurs, telle existence sociale, peu importent les membres qu'elles ont à soumettre; l'un et l'autre n'est plus qu'un humain. Le droit individuel est un pour tous, et le droit social est tout pour l'ensemble.

Physionomie contemporaine des membres de la nation française comme monarchiens, républicains, apôtres et sectaires en religion et socialisme.

Vouloir peindre la physionomie caractéristique saillante comme type monarchien ou républicain, de quel que soit le membre de la société, serait vouloir copier toutes les passions, tous les délires qui ont animé, conformé les traits des hommes des temps anciens, n'ayant plus pour sujet que leurs cadavres ou leurs momies, ou une multitude d'humains en société, transformée en singes monarchiens ou républicains, ou apôtres et sectaires en religion et socialisme. Cela n'est plus possible; aussi telle n'est pas mon audacieuse entreprise; ce n'est donc pas d'après des types particuliers à l'individu, faisant plus ou moins le monarchien, ou le républicain, ou l'apôtre tel quel, que je peux me renseigner ou chercher mes sujets, vu que ce n'est plus que confusion, déperdition de leurs physionomies primitives; en somme, je ne peux m'en prendre qu'à l'ensemble; à cet effet, je le divise en fractions pour pouvoir retracer la physionomie partielle de chacune d'elles, sans m'occuper de l'individu qui en fait partie et de leurs innombrables variétés de physionomies.

Fraction des apôtres en monarchie, en religion, et de leurs matériaux d'action.

Aux temps passés ont surgi, malgré tous les cataclysmes destructifs de leurs fractions, les mêmes résultats, les mêmes conformations d'hommes, sinon les lettrés, les titrés qui ont progressivement augmenté et se sont reversés d'une fracfion dans l'autre, et se sont étendus sur l'universalité des membres, comme essence de souveraineté, de liberté; les fractions, vainqueurs tels quels, furent donc toujours intéressées à s'en emparer, à la concentrer en leur individu. Toute leur science ne fut donc que de faire valoir physiquement ou rusément la sainteté et la légitimité de leurs positions, de leurs droits; ils les maintinrent tant bien que mal. Tant que leurs matériaux furent dans l'ignorance de leurs miracles, de leurs jongleries ou artificieuses doctrines, cette puissance passive soumise à leurs commandements ne fut donc appelée révolutionnaire qu'autant qu'elle opposait résistance à leurs demandes, à leurs commandements ou aux croyances religieuses dont ils voulaient qu'elle suivît les schismes. Quoi de changé après tant de siècles écoulés, tant de crimes exercés pour maintenir ce qu'ils érigèrent en droits divins et sociaux, pour contraindre à croire ce qu'ils ne pouvaient croire, bien qu'ils disaient que c'étaient leurs convictions? Et pour le prouver, ils devenaient, dans l'insuccès, des martyrs, ou martyrisaient ceux qu'ils dominaient; exemples essentiels pour convaincre, et terribles, imposants pour ces apôtres et pour les illettrés qui, seuls, pouvaient être les convaincus, vu que leur seul espoir en béatitude ne pouvait exister que dans l'éternité de leurs âmes. La science de ces apôtres ne fut donc pas exacte en principe monarchique, en religion, car ce qui est réel est toujours croyable : la vérité n'a pas d'âge; ou il faut admettre que les facultés organiques humaines peuvent rester à l'état d'inertie, étant en contact avec les générateurs de leurs développements, et qu'il suffit à un de ces apôtres de dire : « Peuple, je suis ton roi; obéis, c'est mon droit; » ou : « Peuple, je suis ton dieu ou son prophète; crois à mes miracles; obéis, frappe, quand je l'ordonne, ce roi, ce peuple maudit par moi. » Tels sont encore les débats de cette fraction d'apôtres dont la puissance d'action et de matériaux est tellement amoindrie, que tout porte à croire qu'ils n'auront bientôt plus qu'eux-mêmes pour sectaires ou matériaux pour agir. Pauvres individus, posséderiez-vous la science infuse? Le temps des miracles n'est plus; vos matériaux sont devenus en grande partie des lettrés; vous n'avez de supériorité sur eux que parce que vous êtes plus érudits, et votre science littéraire orale n'est pas suffisante pour dominer quand même, pour dire : « Voilà votre roi, obéissez; ce sont nos convictions. » Quand vous diriez même : « C'est un principe de dix siècles de durée que des révolutionnaires ont renversé, » ils n'ont pas plus foi en vos dires qu'en vos convictions. L'historique des faits de vos prédécesseurs leur fournit la preuve de vos débonnaires principes d'organisation sociale d'avenir. Il résulte donc de ces citations historiques préparatoires que cette fraction en est arrivée à n'être plus que des singes, et, comme hommes d'Etat, que des caméléons ayant une idée fixe et une doctrine politique et socialiste. Peu importent les moyens; réussir est tout. La seule différence entre leur valeur comparative avec les temps anciens est donc qu'ils comptent sans leurs hôtes ou se croient, comme en ce temps-là, impénétrables; ils ne veulent toujours fonder leur puissance et n'ont d'espérance que dans l'inconnu. Tout est là pour cette fraction intéressée à maintenir l'hérédité et les bénéfices qu'ont procurés leur puissance dominatrice, leurs miracles, leurs prestiges, leurs jongleries. Les siècles écoulés ne diffèrent donc que dans la pratique : autres temps, autres moyens, autres développements d'esprit humain, sans pour cela que le fond, le but ait cessé d'être le même. Cette fraction monarchienne et religieuse, bien que méconnaissable dans ses genres de fonctions, de fusions, de diffusions, d'actions, de péroraisons, pour se maintenir, n'a donc qu'une idée fixe, prédominant toutes les autres, qui est dominer ou mourir; mais elle manque, sinon d'esprit, mais bien de toute puissance physique et prestigieuse; aussi, ne pouvant plus s'en prendre au corps, le faire brûler pour l'anéantir dans ses développements spirituels, comme ils le faisaient à leur égard et à celui des illettrés qui étaient contraires à leur domination, ils s'en prennent donc à l'esprit humain, à ses développements, et non à son enveloppe; les combats sont donc tout différents pour convaincre et pouvoir maintenir l'homme roi, ou divinité, ou apôtre, puisque chaque fragment de cette multitude, chaque membre de la société est libre de prendre conscience d'un fait, d'une doctrine, d'un écrit, d'un dire, et de le commenter avec la même liberté qu'eux sans craindre que son corps soit brûlé; l'essentiel est donc qu'aucune de ses pensées, de ses dires, de ses convoitises, de ses faits, ne soient pas transformés en actions matérielles, vu que le transformateur seul doit être responsable; l'esprit est donc la seule puissance qui doit surgir à celle des facultés matérielles : dans ce cas, les plus spirituels doivent dominer; mais alors sur quoi peuvent-ils dominer? est-ce sur les facultés spirituelles de l'homme ou sur ses facultés matérielles et physiques? N'ayant à dominer que sur celles de l'esprit, les résultats de ces combats ne sont et ne peuvent être que spirituels, et non sanguinaires. Mais il n'en pas de même si l'esprit peut faire mouvoir la matière, l'intelligenter, la rendre libre et plus puissante que l'esprit; elle ne le domine pas, elle le tue moralement et physiquement. Alors les résultats de ces combats sont horriblement féroces et sanguinaires. De deux choses l'une, ou il faut supposer que cette fraction ne fut et n'est encore que matière intelligentée par elle-même, qui croit toujours pouvoir vaincre l'esprit, ou elle manque d'esprit, ne sachant pas dominer ses fonctions matérielles, ce qui est irrécusable pour tous. Quant à présent, quelle autre preuve, sinon de prendre conscience de quel que soit l'écrit, ou le discours, ou la fonction, ou l'action d'un membre de cette fraction? L'esprit n'est que la puissance secondaire; le moi per sonnel est le seul mobile du dire ou de l'action, ce qui fournit pour résumé possession, passion, domination usurpatrice obtenue par peu importe le moyen, voire même les plus grands crimes, vu que la réussite est tout, puisqu'elle les a toujours rendus légitimes par le droit du plus fort, physiquement ou rusément. Telle fut, telle est la physionomie de la fraction monarchienne.

Physionomie de la fraction républicaine et de ses matériaux.

Cette fraction est la première comme principe d'agglomération d'humains; ses variants systèmes d'agglomération, de dénomination, ne changent en rien quant au fond comme principe social, mais bien quant à l'usage que l'esprit humain a les facultés et possibilités d'en tirer parti et d'en faire une propriété individuelle ou celle d'une plus ou moins nombreuse fraction des membres d'une société. Ainsi donc peu importe qu'elle ait commencé républicainement et soit alternativement devenue soit monarchienne ou de monarchienne républicaine. De quelque genre que ce puisse être parmi les sociétés couvrant le globe, le fait irrécusable est, quant à la nation française, que la fraction dominante d'actualité a le titre de républicaine et que la fraction monarchienne est sous sa domination; ce n'est donc que la physionomie actuelle de cette fraction que j'ai à débarbouiller pour la rendre reconnaissable. Comme je l'ai dit, elle est puissance dominante d'action, elle est majorité dans l'assemblée législative; elle est tout, elle n'est rien; elle n'est ni esprit, ni principe, ni axe d'agglomération républicaine, et cela parce qu'elle ne l'est pas en faisant mine de l'être. C'est donc qu'une autre puissance la contraint d'être républicaine quand même, et qu'elle n'ose la braver, sinon spirituellement, la vilipende, traite ses matériaux de vile multitude en courage ou fait grâce à tout ce qui l'outrage; ce sont donc encore deux puissances en présence, dont l'une est l'esprit pouvant temporiser les fonctions matérielles et l'autre la matière des facultés humaines intelligentes par elles-mêmes, tuant le corps pour pouvoir anéantir l'esprit comme par le passé. L'une et l'autre agissent donc toujours en sens inverse au principe républicain et à leurs idées fixes. Sont-ils, agissent-ils sous la pression de facultés intellectuelles ou matérielles, ou celles de l'inconnu? Aucunement, puisqu'ils sont libres. Misères humaines, à quoi vous sert votre conscience et celle de vos faits? Est-ce de l'inconnu? et vos responsabilités vous sont-elles seulement connues au moment où elles vous frappent? Alors vous vous reconnaissez en fait d'inconnu. Qu'est-ce alors que cette puissance intermédiaire qui fait que vous existez encore à l'état de société? C'est le principe conservateur agissant à l'état instinctif sous le titre de l'ordre matériel que l'esprit machiavélique, criminel, antisocial des érudits exploite maintenant sous l'égide républicaine; ce principe est donc sous la tutelle de ces fractions, dont l'une a pour titre majorité et l'autre minorité; l'une s'appelant les plus ou moins blancs ou les monarchiens de tous genres, et l'autre les rouges ou les républicains démocrates et socialistes, n'ayant, rouges ou blancs, produit le plus minime système d'organisation d'ensemble durable, la moindre loi égalitaire prenant racine dans un principe, et quel que puisse être le frein essentiel à modérer les développements de la liberté fratricide que possèdent leurs membres. Ce ne sont donc que deux fractions rebelles au principe organisateur, au droit social, au droit humain, comme membres de société civilisée de fait. Tels sont les tuteurs de la république actuelle, tous aussi infâmes que le furent ceux des monarchies anciennes. Bien que telle soit la physionomie représentative vue d'ensemble, comme aussi des fractions les plus essentielles au maintien de la république, puisqu'en eux réside la toute-puissance socialisatrice, la fraction dite des républicains avoués est donc la seule responsable, puisqu'ils sont avoués l'être, et que, par ce fait, ils sont axes d'agglomération de toutes les parties adhérentes à ce principe. Que ce soit avec ou sans conscience des améliorations qu'elle est appelée à introduire dans leurs mœurs et organisations sociales, c'est un fait matériel. Comment instruisent-ils leurs matériaux à l'insurrection prématurée alors inutile, au pillage? Comme s'ils ne s'adressaient qu'à des forçats libérés. Est-ce ainsi que la fraction, la puissance populaire doit être traitée? Hommes du jour, ont-ils la moindre conscience et connaissance de sa valeur et puissance? S'ils voulaient ce qui est possible à cet effet pour juger de l'essentialité de son organisation, comme faire connaître sa puissance au physique et au moral par son nombre. Tout est là. Je vais approximativement la diviser. Voulant établir avec réalité ces genres de divisions, je les comparerai de deux manières. La première sera comparative à la fraction monarchique, et la deuxième au figuré, à l'appréciation du lecteur. Ainsi donc je poserai cette question : Je suppose qu'un député représente cinquante mille membres; autant de députés s'étant avoués républicains, autant de cinquante mille républicains l'ayant avoué de même, il en est de même de la fraction de députés représentant la monarchie ou l'ordre. Par ce fait, une balance peut établir le nombre supérieur et inférieur de chaque fraction. La fraction la plus nombreuse s'appelle, je le suppose, celle de l'ordre, et celle inférieure, je le suppose de même, celle des républicains démocrates et socialistes. Mais alors je dirai : L'une et l'autre ont pour mobile de fixité deux genres de nécessités différentes l'une de l'autre; l'une est la demande, l'autre est le refus; à tort ou à raison, l'une et l'autre, cela regarde les équilibristes comme médiateurs. La première nécessité doit renfermer en elle l'existence sociale, comme étant la supérieure; c'est donc à elle d'avoir le plus d'esprit et de fixité; et c'est tout le contraire. Il suit de ce fait et comme conséquence, que rien n'est plus variable qu'elle d'une année à l'autre, je dirai même d'un mois à l'autre. La preuve la plus convaincante s'établit d'elle-même par ce qui a lieu depuis quelques années. Qui n'a pas conscience qu'ayant obtenu une république et le suffrage universel en place de réforme censitaire électorale, elle veut maintenant recommencer à ses frais et aux dépens de tous, renverser ce qu'elle a fait croître? Seulement, alors, au lieu d'être les soutiens de l'ordre, c'étaient les hommes aux nécessités aveugles. Ont-ils recouvré la vue de l'ordre légal réel? Tout est là. Ainsi donc, si on extrait les parties variables de la mobilité de cette fraction qui ne se meut qu'en raison de ses insuccès, que restera-t-il? Les gouvernementants. Alors la fraction à nécessités, à mobile fixe, est ou doit devenir, par ce fait, la plus nombreuse; autrement c'est vouloir les développements, les nécessités de la nature humaine en concurrence de tout genre, tout autres que ses organes sont constitués. C'est se tuer soi-même pour se donner raison. Ainsi donc, bon gré, mal gré, ils se sont rendus républicains l'un l'autre. Qu'est-ce maintenant que la nécessité qui fait des républicains démocrates et socialistes et autres, ou plutôt des demandeurs quand même? C'est encore la nécessité de la satisfaction, c'est l'assouvissement de toutes les demandes des organes matériels sous le rapport animal et sous celui de l'animal humain à l'état de membre de société lettrée, c'est la satisfaction et l'assouvissement non-seulement de ses sens matériels, mais aussi de ses facultés intellectuelles, et cela proportionnellement à leurs organes et facultés, à leur érudition, à leur liberté d'action; et quand même les crimes sociaux ou envers autrui qui en résultent, s'ils sont libres, juges et parties, si des freins physiques ne les ont pas temporisés, telle est la puissance des nécessités sur les humains, tel est l'état d'une société, si, quel que puisse être un de ses membres, il est libre, juge et partie en fonctions sociales ou dans ses rapports avec autrui. En résumé, ce n'est donc qu'un sentiment instinctif de conservation qui prévient des cataclysmes où peut succomber la société. La conséquence irrécusable est que si les instincts spirituels ne se rallient pas à la république, néant de société. Sera-ce par des combats spirituels ou sanguinaires que l'homme libre juge et partie sera soumis? L'un et l'autre sont à même d'en connaître : ils sont lettrés, ils peuvent en prendre conscience. Tout ce que je peux prédire, c'est que si ce n'est pas par l'esprit dégagé, séparé de la matière, si ce sont leurs matériaux qui les y contraignent comme jusqu'alors par l'insurrection, alors, tuteurs blancs ou rouges, société et peuple ne formeront plus que néant avant vingt ans; peu importent les qualifications et titres que l'esprit humain a produits ou produira encore, cela ne change rien quant aux résultats. Un crime est toujours un crime, peu importe sous quel titre il soit commis et même légitimé : l'homme seul peut en avoir conscience. C'est ce qui forme sa responsabilité terrestre et éternelle; autrement il est à l'état sauvage, ou de singe, ou d'idiot. Telle est la physionomie d'actualité des fractions et de l'ensemble de la nation française, que le suffrage universel comme principe peut seul la sauver, vu que par lui seul le principe conservateur deviendra la nécessité socialisatrice, vu que l'esprit aura le droit légitime de diriger la matière au lieu d'être tué par elle.

CHAPITRE PREMIER.

Des effets contemporains du suffrage universel, tous particuliers à la nation française.

Tout prouve et démontre que la nationalité française, son territoire, la législation essentielle positive à l'égard de l'universalité de ses membres, leurs conditions de liberté, de fonctions et actions, la possibilité d'assurances des premières et deuxièmes nécessités essentielles du droit humain et social, ne sont plus un fait possible à l'individu ou à une minorité réactionnaire, monarchique ou sanguinaire; que ce n'est plus et ne peut plus être que le fait des délégués du suffrage universel. Le suffrage universel est donc la seule et unique puissance d'action gouvernementale et la seule nécessité conservatrice de ses membres à l'état républicain. Qu'est-ce donc alors que ces effets élémentaires? Je dirai tout d'abord que c'est, selon ma croyance en la divine puissance d'un Créateur, une conviction devenue des plus réelles, matérielle même; j'ose le dire, vu que, plus je cherchais à approfondir, à méditer, à analyser les merveilleuses combinaisons des lois de la nature, toutes particulières aux développements des facultés des corps de ses trois règnes, comme celles de ses lois sacrées positives, toutes particulières aux développements des facultés organiques des humains, plus je restais pénétré des responsabilités de l'âme dans son éternité. C'est ce qui me fait dire maintenant, selon ma conviction, que c'est l'essence éthérisée, divine, impalpable, improuvable matériellement, quoique modératrice des développements destructifs d'existence du principe et droit social, essence qui pénètre sensuellement les membres de la société à leur état de dissolution révolutionnaire qui prévient leur instinct de destruction inévitable, s'ils veulent persister à enfreindre les lois positives et les facultés que le Créateur a accordées à leurs organes. Pour pouvoir prendre conscience de leurs fonctions, viennent maintenant les effets tout matériels de ces développements, et je dirai ceci, que l'universalité des membres de la société, ayant atteint l'âge révolu, n'étant pas privés de leurs droits civils, et, de ce fait, étant électeurs ou éligibles, qu'est-ce autre chose sinon des parties élémentaires d'organes humains réunis à un même élément qui produit en somme un résultat de majorité et minorité comme vote? Il résulte de ces faits que chaque membre, ayant usé de son droit d'électeur, n'ayant pas été élu, devient quant au fond la puissance passive de cet ensemble d'élus tout le temps de leurs fonctions législatives. Ces faits régularisés, consommés, nulle récrimination ou insurrection n'a droit d'en changer la valeur, comme aussi, quel que soit l'attentat physique à ce droit, il doit être puni comme crime attentatoire à l'universalité des membres de la société. Qu'est-ce alors que les effets préparatoires élémentaires de ces fonctions et les motifs de ces débats? Je le dirai : pour que douze millions de chefs de famille accordent un tel droit à quelques-uns des leurs, cela vaut bien la peine de s'enquérir de leur valeur personnelle comme députés; car, si on établit une comparaison entre les temps anciens et contemporains, on reconnaîtra que chaque député représente un roi du droit divin, et leur ensemble le conseil de ce roi; on reconnaîtra de même que, dans les temps comme maintenant, ce conseil n'existe pas sans dissidents; ces dissidents furent et sont divisés par un motif tel quel. Il en est donc de même de cet ensemble de députés; c'est ce qui les divise en deux fractions qui entre elles forment ce que l'on appelle majorité et minorité, lesquelles fractions appartiennent à une nécessité toute particulière à chacune d'elles ou à l'individu de l'une ou l'autre; alors débats passionnés ou combats sanguinaires, féroces, appelés guerre civile.

Revenant au droit du député républicain contemporain et non du roi, je dirai, en résumé de comparaison, qu'il n'y a rien de changé quant au fond ni aux résultats essentiels à la civilisation et socialisation des douze millions de chefs de famille, sinon qu'ils sont devenus plus libres de s'entre-démoraliser, de se voler, de s'entr'-égorger par le même droit devenu conventionnel, impérialiste, représentatif et constitutionel, ni plus ni moins légitime que ne le fut le droit divin et religieux des temps anciens, que ne le fut celui des guerres civiles à leur égard. La conséquence entraînante est donc que ce droit ne changea que de titre, mais non comme résultat, et qu'en résumé, de métamorphoses en métamorphoses, il en est arrivé à ne plus le pouvoir. Alors c'est la mort de ces droits ou de ces ayans-droits. Trêve de citations irrécusables; je reviens à dire que les douze millions de chefs de famille appartinrent donc irrévocablement à leurs délégués. Autrement, à quel droit peut appartenir la législation, leurs députés, si ce n'est à un droit supérieur au pouvoir de leurs électeurs? Autrement, dis-je, il n'a aucune valeur de puissance dominatrice sur des électeurs qui peuvent faire prévaloir la leur par l'insurrection armée. Ce droit est donc une propriété inattaquable, imprescriptible; c'est la pensée transformée en législation partout suffrage universel; c'est la seule liberté individuelle dont le membre d'une société ait le droit de faire usage. Telle est bien la seule puissance de ce droit supérieur. Dans ce cas les députés ne peuvent donc relever leur puissance d'action de liberté de conviction individuelle, car autrement chaque député aurait le droit, étant libre comme individu, de tout entreprendre à ses risques et périls, quels que soient les moyens : être le plus fort, réussir étant tout. Dans ce cas, dis-je, plus de droit d'ensemble de député, sinon celui du plus fort corporellement ou politiquement sous le rapport intellectuel. Tout prouve bien que rien n'est changé quant aux genres de fonctions et rapports entre l'universalité des membres du temps présent avec ceux des temps anciens, et, comme conséquence, société sans principes, sans droit social, membres à l'état d'animaux humains aussi libres l'un que l'autre, ayant le même droit l'un que l'autre, sinon de le pouvoir faire valoir l'un comme l'autre, vu l'inégalité de forces corporelles ou de facultés intellectuelles ou de positions et possessions toutes particulières, toutes exceptionnelles entre chaque membre; alors, corps social sans droit d'existence, famille sans chef assez puissant ou avec chef sans puissance sur ses [illegible]es. Toutes ces citations réelles prouvent donc l'état contemporain de la société, comme aussi celui du droit conventionnel dont l'assemblée législative a pu relever son droit, sa puissance d'action sur l'universalité des membres de la société. En sera-t-il toujours ainsi, maintenant que ce droit ne peut plus être que celui d'une majorité issue de la majorité du suffrage universel? Dans ce cas, plus de débats d'organisation sociale qu'à la chambre, qu'à l'assemblée législative, quels que soient les articles de la constitution ou les lois organiques émanant de cette majorité. Alors, dis-je, droit social, constitution imprescriptible, jusqu'au temps fixé dans l'article immuable de la constitution existante pour sa révision. Dans ce cas, quels que soient les éléments composant la majorité ou la minorité, et quel que soit le balancier social dont l'une ou l'autre s'empare pour former la majorité, il y aura toujours une puissance l'emportant sur l'autre, ce qui n'est autre que la majorité devenue minorité ou la minorité devenue majorité. Maintenant, comme j'ai dit que le suffrage universel était à l'état de puissance élémentaire instinctive, il ne peut en être autrement des députés, ainsi que de leur majorité et minorité. L'une et l'autre ne fonctionnent donc que par force, qu'instinctivement, au lieu de fonctionner humainement, en prenant conscience des nécessités socialisatrices essentielles pour prévenir la destruction entière de la société. Cet instinct élémentaire n'est donc autre que le principe conservateur arrivé à l'état élémentaire d'action en contact et combat avec le principe destructeur devenu de même élémentaire. Maintenant comment fonctionnent ces éléments, et comment ont-ils fonctionné? De quoi sont-ils composés? Ils le furent dans les temps anciens et même jusqu'à la réapparition de la république de 93, de parties élémentaires appelées le peuple, qui n'avaient d'autre valeur que d'être un élément d'adhérence à l'individu, à la chose, duquel individu ou chose on faisait une puissance d'action envers d'autres individus ou d'autres choses. Ces genres de fonctions sont donc bien indubitablement des fonctions élémentaires individuelles, fonctionnant d'ensemble, agissant contre d'autres ensembles; mais alors l'individu ou la chose, axe d'agglomération humaine, était ou roi, ou possesseur de choses d'adhérence, ou de peuple illettré qu'il faisait aussi facilement mouvoir que ses animaux domestiques. Aussi se garda-t-il bien d'en faire des lettrés. Ce ne furent donc des combats qu'entre lettrés et d'intelligence à intelligence; mais alors comme toujours quels moyens ces rois emploient-ils pour rendre leurs actions ou doctrines impénétrables au jugement comme aussi les exemples de leurs faits voilés aux yeux de leur bétail humain? Ils furent découverts, copiés, imités, compris et forcés d'associer aux bénéfices qu'ils en retiraient les plus audacieux ou les plus intelligents; ceux-ci devinrent d'autant plus nombreux que les rois furent forcés de laisser croître, mûrir les lettrés, d'en faire des affranchis, n'ayant l'un et l'autre d'autres freins à leurs libertés que l'insuccès ou la mort. Y a-t-il autre chose dans l'histoire ancienne et contemporaine des fonctions sociales des membres? Quant à la nation française, que voit-on chez elle depuis un demi-siècle, sinon les effets rétroactifs de la puissance de l'individu comme chef de la société, sinon ces effets ascensionnels élémentaires, démagogiques, démocratiques, incompris, ce qui produisit un empereur républicain, puis réinstalla le droit divin, le renversa, retrôna le roi du peuple souverain auquel il ne fit pas plus grâce, pour enfin, de droits souverains ou droits insurrectionnels, retrôner la République que les démagogues veulent encore renverser, puisque la minorité excentrique de ses partisans veut qu'elle soit au-dessus du suffrage universel, et cela, dis-je, pour la faire parler, commander et agir comme leurs souverains prédécesseurs des temps anciens le firent par le droit divin ou comme révélation de Dieu? Pauvres Escobars politiques, pauvres rois divins, décrépitudes des grandeurs humaines! vos puissances usurpatrices ne sont plus de ce monde; vous en êtes en Europe à vos derniers degrés de possession, de genre de bétail ou matériaux d'actions; vos divisions, vos insurrections intestines vous ont tellement divisés, séparés de l'ensemble des membres de la société à laquelle vous appartenez, que les personnalités l'emportent, qu'elles sont devenues souveraines et libres comme vous, et qu'elles veulent devenir tout au physique ce que vous êtes au moral, sans aucune croyance et conviction acquise, faisant bravade de ce qui est assassinat et gloire, de ce qui est platitude, dénaturant ou détruisant ce qui est respectable. Comme sentiment de la famille humaine, les malheureux en sont arrivés à ce que le père ne reconnaît pas son enfant, le frère son frère, le citoyen sa nationalité, et d'ensemble ils ne forment plus qu'un corps social en dissolution confuse, dont les parties suivent la loi de la nature, sous le rapport matériel, comme étant les animaux les plus ingénieux, et sous celui intellectuel les nécessités sensuelles, essentielles à chacun des individus! Le tout gît donc dans des satisfactions toutes personnelles! En résumé, ou ces citations sont positives, sont exactes, ou elles ne le sont pas : si elles le sont, trouvez, innovez donc un principe d'agglomération sociale supérieur à celui de la majorité issue d'un suffrage universel et non en système supérieur aux développements matériels qui existent, supérieur à tout développement régénérateur et progressif, supérieur au développement intellectuel : si elles sont réelles, instruisez-le donc, si vous ne voulez pas le rendre un Escobar politique. Autrement, si vous cherchez à le détruire, il vous détruira avant d'avoir pu vous retrôner ou retrôner un des vôtres. Quels que puissent être les principes émanant des révolutions ou insurrections armées, si elles sont réelles, vous êtes forcés de reconnaître que le suffrage universel n'a plus pour axe d'agglomération que la première nécessité, qui est le droit à la nourriture du corps individuel pour tout membre de société qui se dit civilisée, titre sans aucune valeur morale, si par le fait elle n'est pas une société socialisée, organisée, rendue mutuellement responsable du droit à l'existence, à l'assistance de tous ses membres dépourvus des moyens légitimes de pouvoir la gagner; car à quoi sert de ne faire des membres de la société que des érudits ou des professeurs de sciences abstraites et autres, ou des industriels manufacturiers ou débitants, ou échangeurs, brocanteurs de ses produits, pour qu'à un jour donné les places essentielles à conserver ne soient plus en rapport avec les élèves, ou que les débouchés des produits manufacturiers ne soient plus en rapport avec les nécessités de la consommation? Qui alors est assez osé pour dire s'ils pourront se nourrir des labeurs et produits de fonctions de deuxième nécessité inutile ou d'un travail suspendu par ce fait ou des bénéfices de ventes ou d'échanges, ou de brocantesqui ne pourront plus s'effectuer? Hommes d'un jour en présence de ces développements qui progressent si rapidement et qui, malgré vous, font de première nécessité la nécessité insurrectionnelle et même la destruction entière de la société, chantez donc les effets de votre merveilleuse civilisation et de votre législation, votre émulation par la concurrence! Mais, je vous en préviens, si vous ne voulez être convaincus de la fausseté criminelle, antisociale, de vos doctrines, dépêchez-vous de mourir; car par vos doctrines, les développements élémentaires du socialisme aidant, les hommes arriveront à l'état affamé de privation des premières nécessités. Alors, équilibristes des puissances gouvernementales et non de celles populaires, comment pourrez-vous maintenir le balancier d'équation sociale; capacités littéraires, vous n'ignorez pas qu'à cet état le peuple est impitoyable; il ne vous demandera plus, il prendra. Croyez-vous toujours pouvoir lui faire résistance, lui jeter pour nourriture des promesses, des titres, des phrases banales? Il a appris à ses dépens à connaître la valeur organisatrice de ses débonnaires débiteurs. Est-ce une raison, si la France, par sa fécondité, par le morcellement de son sol, par la fortune répartie entre un plus grand nombre de ses membres, a échappé au dernier cataclysme par son élément métamorphosé en cri de l'ordre, pour que les privations de première nécessité aient cessé de progresser? Est-ce ce cri, sont-ce ces crieurs déjà à moitié affamés qui pourront satisfaire ces nécessités devenant de plus en plus impérieuses? Cela n'est-il pas plus essentiel à prévenir, puisqu'il en est temps encore, que de rêver au retour de puissances d'individus ou de principes imaginaires prestigieux devenus impraticables? Dans ce cas, cessez donc d'être des personnalités, des littérateurs, des capacités parlementaires, des économistes, des philanthropes, des socialistes qui ne veulent pas prendre conscience de ces développements comme de la position sociale et des lois positives.

Tels sont, en résumé, les développements élémentaires facultatifs des agglomérations d'humains depuis leur état primitif jusqu'à nos jours. Quant à la nation française, vient maintenant l'état d'actualité de la société et de ses membres à la réapparition de la République. Je dirai que le pire de ces faits est que la réapparition était aussi inattendue qu'imprévue, même par ses promoteurs, deux mois avant son apparition, et que le suffrage universel était non-seulement imprévu par les instinctifs crieurs de nécessités de réforme, mais bien inconnu de tous comme principe. Il résulta donc de ces deux faits inattendus une dissolution et recomposition instantanée d'axe gouvernemental par l'instinct de conservation personnelle qui fit son premier début de fonction uniforme d'ensemble comme suffrage universel sous l'inspiration de cri à l'ordre, s'occupant peu des deux nouveaux principes réels d'organisation sociale que cette dissolution avait produits et dont il fallait rendre

CHAPITRE II.

Des effets élémentaires du suffrage universel depuis 1848, et des fausses interprétations de ces effets.

Une république phénoménale, inattendue, improvisée, sans conscience de son fait, et sans autre document de préparation que l'inconnu, a été proclamée, et de plus a pu parler et agir envers et contre tout opposant à son droit de prise de possession gouvernementale, bien que tombée des nues comme la poutre de Jupiter au milieu des grenouilles qui demandaient un roi. Au lieu de grenouilles et d'une mare, c'était une cité métropolitaine dont les membres insurgés demandaient la réforme, au lieu d'une république. Ce n'en fut pas moins pour ces crieurs, comme pour ceux qui s'étaient cachés à cette apparition, le même effet que produisit la poutre à l'égard des grenouilles : la seule différence fut donc qu'elle s'appelait République française. Ainsi donc les plus hardis l'entourèrent; les audacieux s'en emparèrent, la renfermèrent dans leur hôtel-de-ville, et devinrent les révélateurs de cette déesse impalpable, introuvable, sinon dans leur cerveau; ils la firent parler, agir et promettre, et cela en raison de la circonstance. Elle promit, donna, ordonnança tout provisoirement; ce fut ce qui put empêcher les plus avancés dans sa retraite de l'envahir, de la salir, comme le firent les grenouilles. Tel fut son droit d'actualité de prise de possession de la société. Maintenant, comme morale toute matérielle de la chose, je dirai que ce fut un précipité matériel tombé dans une dissolution dont l'inconnu pour les parties est d'être contraintes à s'agglomérer à ce précipité. Telle est l'analyse et le résumé de la réapparition de la République aux Parisiens. Ainsi donc, roi, président ou république, poutre ou crocodile, en fait de morale de la chose par l'un ou l'autre de ces fétiches, ou par l'homme du droit divin religieux ou monarchique, comme de la légitimité de ce droit, quant au fond, ce fut la même chose; la seule différence fut que les générateurs des monarchies et de leurs développements leur donnaient le temps de prendre racine, de croître, de mûrir, de se reproduire, de se rendre enfin héréditaires. Ce fait est consacré par des siècles; comme point de droit, il fut appelé principe quand même, puisqu'à chaque changement de dynastie ou de nouvelle branche, toujours même principe, bien que le droit d'hérédité pour la dynastie ou le roi déchu ait cessé d'être. Pourquoi donc alors, en fait de principes gouvernementaux, la République n'aurait-elle pas le même droit, puisque ses aïeux remontent à l'origine des premières agglomérations, et qu'elle est par ce fait plus ancienne qu'eux? Est-ce que le roi remplaçant une dynastie par n'importe quel moyen et sans autre droit d'hérédité que celui du plus fort, n'héritait pas aussi bien du principe monarchique et religieux, ne se rendait pas héréditaire envers les siens? C'était donc à l'entourage qui fortifiait son droit, son principe, sa monarchie, à le maintenir. Quoi de plus simple à comprendre que d'une part le droit de possession d'une société qui peut être le fait de l'homme ou de son entourage, étant la puissance directrice, que ce soit le fait de l'entourage d'un fétiche ou d'un individu, d'une idée, d'une chose qu'il leur est avantageux de trôner? Nul n'ignore que le fétiche, ou l'individu, ou la chose, ou l'idée, a plus ou moins de puissance d'action sur l'ensemble selon qu'il est d'âge mûr ou qu'il est enfant. Ainsi donc, quoi qu'on dise, qu'on tourne et qu'on retourne ce droit, ce principe, le fait existe, et n'est pas sans cause. La solution de ce problème est toujours la même, un précipité, un axe d'agglomération sociale appartenant à l'individu ou à la chose, ou l'individu, ou la chose, appartenant à son entourage : dans ce dernier cas, l'individu ou la chose, bien que trôné, n'est placé que sous la dépendance de son entourage. Cela est irrécusable matériellement et intellectuellement. Pourquoi donc alors, entourage monarchique, réclamez-vous toujours un droit que l'individu ou les vôtres dans les temps anciens et contemporains n'ont pas su maintenir? Est-ce que, manquant de roi, ou malgré ces éléments insurrectionnels de dynastie, la société a pour cela cessé d'exister? La nécessité du droit d'existence du corps social est-elle, doit-elle être subordonnée à vos conditions d'existences individuelles? Ne doit-elle pas l'emporter sur ces faits individuels particuliers? Est-ce qu'une société peut rester sans un axe d'agglomération pour ses membres, puisque vous ne pouvez l'ignorer? Pourquoi les vôtres des temps anciens comme les contemporains n'ont-ils fait, et ne faites-vous de ce principe, de ce droit, qu'une exploitation individuelle criminelle dont vous méritez de supporter, vous ou les vôtres, les responsabilités terrestre et éternelle? Ainsi donc, que ce soit un fétiche, une poutre, un crocodile, une idée de république, un empereur, un roi, un président de République, il en faut un; l'essentiel est donc son entourage. Qu'est-ce que la République de 1848, sinon la retransmission héréditaire d'une république enfantine, dont tout un entourage s'est emparé, au lieu d'être celle que l'individu impose lui-même comme principe monarchique et de droit divin? Le point de droit pour tous est donc de savoir le maintenir. Je dirai à cet effet que telle était la question la plus embarrassante à résoudre pour l'entourage de la République de 1848; car alors le plus difficile n'était pas de crier d'abord : *Vive la réforme!* et ensuite : *Vive la République!* sans connaître les devoirs qu'elle impose. Ce ne fut donc que le fait irréfléchi d'une majorité dont une minorité se réempara; la République ne devint encore qu'une dépendance de l'individualisme d'une minime fraction d'envahisseurs; ce ne fut, dis-je, que le fait irréfléchi de l'audace des passions insatiables de positions gouvernementales, ou le fait de l'incapacité des républicains, et plus encore des réformistes. Tel fut l'entourage de la République pour pouvoir se maintenir, telles furent les conséquences et responsabilités qu'ils avaient à supporter. En résumé, cet entourage fut irrévocablement son premier tuteur, ce furent les premiers fondateurs de son droit qui furent un point de droit des plus périlleux à soutenir en pareille circonstance, vu le nombre d'envahisseurs voulant de même faire valoir leurs capacités gouvernementales envers et contre tout opposant. Ainsi donc la base et les droits de ces républicains d'outre-tombe ou de ces spiritualistes écrivains publics, n'était autre que l'idée que leurs sens matérialisés, agités, passionnés, faisaient agir contre ceux redevenus calmes, réfléchis. En présence de la conscience acquise des faits contemporains des leurs en 93, ils se fourvoyèrent, en résumé, contre la nécessité conservatrice agissant d'ensemble. Qu'est-ce que ces misères humaines, ces individualités, sinon des hommes que des circonstances indépendantes de leur précision rendent libres de développer leurs facultés organiques, de les intelligenter, pour la satisfaction de leurs sens envers et contre tous, libres d'enfreindre même la conscience qu'ils ont ou prennent de leurs crimes sociaux ou particuliers, pour les rendres légitimes comme toujours? Est-ce là l'essence éthérisée, exacte, du génie du socialisme? Sont-ce là des principes? Du reste, leurs actions des temps anciens et contemporains prouvent mieux que leurs doctrines. Dans ce cas, qu'est-ce autre chose que des humains dont les sens, les fontions sont plus ou moins intelligentés, qui suivent, comme les animaux, les lois de la nature? Leur deuxième nécessité est tout, ils bravent tous périls et responsabilités, même celles éternelles, pour la satisfaire; leur conscience ne leur est utile que pour en tirer un profit personnel; l'étude de leur amélioration de race ou de leur individu n'est d'aucune valeur; celle des sentiments des droits et responsabilités de la famille est d'être libre, et enfin celle de l'organisation sociale est de s'emparer de tout, s'ils sont assez forts intellectuellement ou matériellement. Tel est l'homme libre, s'il n'est subordonné à des lois positives; tel est en somme le résumé historique de la réapparition de la République comme des conséquences et résistances forcées, essentielles à opposer aux envahisseurs de positions gouvernementales. Revenant à l'entourage, aux conseillers ou révélateurs du dire de la République et de son droit, vu les circonstances et résultats, ils furent pénétrés de leur impuissance réactionnaire orléaniste; dans leurs délibérations le principe républicain l'emporta, bien leur en prit. Pour eux comme pour la société et pour ses membres, qui seraient tombés de Charybde en Scylla, cet entourage devint donc une nécessité républicaine, comme aussi sa tutelle provisoire. Alors ils purent résister à une très-grande partie de capacités républicaines, restée inconnue, qui voulait s'improviser comme eux, n'importe comment, pourvu qu'elle les remplaçât.

La République fut donc le droit, la nécessité d'actualité; alors son droit, sa légitimité fut d'être reconnue, sanctionnée par la majorité de l'universalité des membres de la société; ce qui eut lieu de même et non par l'individu ou les fractions exceptionnelles, ou par son entourage. Comme en 91 et en 1804, en 1814 et en 1830, advint ensuite une constitution pouvant se réviser tous les trois ans, article divin, devant être inprescriptible. En pareille circonstance, humainement, que pouvait obtenir ou produire de plus l'entourage provisoire de la République? Est-ce leur faute si les réactionnaires, les envahisseurs blancs ou rouges, soit littérateurs, écrivains, journalistes, spiritualistes, ou de la plus féroce personnalité et bestialité, continuent toujours de discuter cette prise de possession, ce principe, cet axe de société et son droit? Mais, destructive minorité, ce droit n'est plus le vôtre; il n'appartient plus, ainsi que vous et vos positions, qu'au suffrage universel dans un temps donné. Persévérez, faites, si vous le pouvez, d'insurrection nécessité et destruction entière de la société au profit de l'individu ou d'une coterie des vôtres; mais alors vous ne résisterez pas longtemps. Le temps passé des sorciers, des prestidigitateurs, n'est plus; mais il reste toujours la même nature d'hommes qui, étant libres, veulent les imiter, les singer. Pouvez-vous ignorer que vos insuccès seuls sont la cause de leur développement comme des mille manières de procéder, d'agir envers et contre tous, comme de leur décrépitude? L'idée fixe, la convoitise, l'intention de l'assouvir, est toujours la même chez les humains. Qu'est-ce autre chose maintenant, sinon qu'au lieu de pouvoir s'entre-trôner, ils ne peuvent plus que s'entre-calomnier, s'entr'assassiner révolutionnairement ou insurrectionnellement, pour prouver la légitimité de leurs droits, comme leurs prédécesseurs? En somme, et en fin de compte, peu importent les faits d'individualités commis à la réapparition de la République; quant à l'ensemble de ses tuteurs, les résultats sont tout. Justice un jour sera rendue à l'ensemble par la société. Si, de corrompue qu'elle est, elle redevient civilisée, ou si elle succombe, ce ne sera que par les crimes dont leurs remplaçants se seront rendus responsables, étant restés libres et possesseurs de la puissance d'action organisatrice, devenue par ce fait assez puissante intellectuellement par les exemples, les insuccès, les misères contemporaines; autrement, dis-je, destruction entière de la société. Ce sera alors une autre société qui profitera de ces exemples terribles pour détrôner la liberté individuelle de l'homme en fonctions sociales, comme celle antisociale, fratricide du droit des minorités, ou des majorités sans conscience de leurs faits. Quel exemple plus frappant que celui des réformistes qui, sans le vouloir, ni vouloir prendre conscience de ces effets élémentaires d'action destructive, ont tout renversé et ne veulent rien reconstruire de durable? Tels sont les effets et résultats tout particuliers aux agglomérations d'humains en monarchie, en république, peu importe la forme, quand les chefs ou les membres de ces sociétés veulent rester des fractions libres d'enfreindre les lois positives ou de les exploiter. Nul ne doit être supérieur au droit social, aux lois émanant de l'assemblée élue par le suffrage universel. C'est un droit imprescriptible et surhumain; c'est leur responsabilité envers le droit à l'existence du corps social et de ses membres. Les sociétés furent et seront toujours sous sa dépendance. Un lettré peut-il dire n'avoir pas conscience de ces principes immuables, ou soutenir que le suffrage universel, maintenant, n'est pas le seul tuteur conservateur de la société? Est-ce autre chose que droit social la majorité législative, issue de la majorité des délégués d'un suffrage universel? Ce n'est donc plus un problème de légitimité, de droit à résoudre par l'esprit idéaliste humain? Est-ce autre chose maintenant, quant à la nation française, qu'une nécessité d'organisation, de conservation d'ensemble social, une nécessité de soumission, de fusion, d'union à un principe constituant l'homogénéité essentielle de puissance d'action physique sur l'ensemble de ces membres, constituant leurs droits à l'existence, à l'assistance par le travail, constituant le droit des intérêts généraux l'emportant sur les intérêts particuliers, constituant les responsabilités de l'individu envers la famille comme celles de la famille envers les siens? Est-ce autre chose que le droit de cette majorité législative, qui n'agit qu'instinctivement? Maintenant qu'elle devient instruite, n'est-ce pas une essence divine, éthérisée, qui, dans les régions des nécessités d'existences sociales qu'elle parcourt et les contacts qu'elle a avec les générateurs de ses développements, revient ensuite se condenser, se précipiter dans l'urne électorale pour un vote qui d'ensemble forme un fait, un droit, une majorité intellectuelle d'assentiment, d'essentialité, de nécessité, de mise en pratique de ce droit, droit que les votes moins nombreux ne peuvent plus disputer, puisqu'ils l'ont accepté au préalable intellectuellement, consciencieusement, et sont forcés d'en supporter les conséquences physiques ou morales? C'est donc à l'assemblée législative, seul entourage et unique tutrice de la République, de devenir plus intelligente, plus organisatrice des nécessités des rapports entre les membres de la société, comme des développements des premières et deuxièmes nécessités des humains; c'est donc à elle de ne pas suivre les pratiques des temps anciens ou contemporains en fait de monarchie et de principes du droit divin ou républicain, de s'appartenir, enfin, quant à présent, pour fonder son avenir; autrement, s'ils devenaient rétrogrades, réactionnaires, ils détruiraient ce droit, et alors plus de société. Il me semble entendre des narrateurs dire : Quel non sens! Prenez patience! ici ne se terminent pas pour moi les résumés de ces analyses, de ces citations. Si j'ai dit d'une part que la société n'appartient plus qu'à des faits élémentaires du suffrage universel, et d'autre part qu'ils redeviennent plus intelligents agissant élémentairement, on peut dire : Est-ce possible? Est-ce que les effets élémentaires des éléments sont ou peuvent devenir intelligents, puisque ce sont des effets matériels dévastateurs, si on ne possède pas de modérateur à opposer à leurs développements, à leurs effets, à leurs libertés d'action destructive? Je répondrai à cela : Les éléments humains ou de quelque être que ce soit animé de vie, sont-ils autres qu'un composé organique de quatre éléments, qui n'est d'ensemble que matière incapable de se conduire, s'il ne peut prendre conscience de son état d'inertie, ou d'animation, ou d'agitation? Est-ce que l'homme qui a conscience de son animation n'est pas forcé de prendre conscience de ce qui l'anime ou l'agite? A qui peut-il s'en prendre des effets élémentaires produits pour satisfaire ses deuxièmes nécessités, qui ne sont et ne peuvent être que tout humaines, toutes personnelles à son espèce, s'il ne les laisse se développer que contrairement aux fonctions de ses organes matériels, ou aux dépens d'autrui ou de la chose d'autrui? Qu'est-ce autre chose alors que le vol, en fait de satisfaction de ce deuxième genre de nécessités humaines? Qui peut être alors le modérateur de ce vol ou de la chose, si ce n'est la conscience qu'il a ou est contraint de prendre de son fait, vu la résistance qui le tue prématurément ou l'empêche d'être un voleur punissable parmi les siens? La deuxième nécessité humaine est donc assujettie à la conscience qu'il a de son fait et de la résistance qu'il éprouve en cherchant à l'obtenir. Maintenant, que sont les développements de deuxième nécessité quant aux fonctions des membres des sociétés d'Europe, dont les chefs ont toujours voulu rester libres comme direction sociale? De ce fait, ne devinrent-ils pas les modérateurs responsables des développements des peuples placés sous leur volonté? A qui peuvent-ils s'en prendre si leurs fonctions ne furent autres que de rester libres de s'entre-voler cette liberté d'action, pour, en fin de débats, de combats, de partages, de matières, de libertés et de doctrines, arriver à être, quant à la nation française, un peuple souverain d'hommes libres, de voleurs entre-légitimant, par les mêmes droits que les anciens, leurs prises de possession sous les mêmes conditions physiques ou morales? La seule différence avec les temps anciens, est que leurs successeurs ont graduellement perdu leur puissance prestigieuse de vol de conscience, de conviction et d'action gouvernementale, qui n'appartient plus qu'à des effets élémentaires d'insurrection, qu'à la nécessité de lois positives. Toutes les preuves exactes possibles à obtenir de leur incapacité et impuissance de direction sociale sont irrécusables. Quels sont donc alors les auteurs responsables dans leur éternité de l'état actuel de corruption, de dissolution sociale, où en sont misérablement arrivés leurs matériaux d'action? Est-ce le peuple auquel il faut s'en prendre, ou plutôt est-ce cette liberté fratricide qui transforme en fonctions ou actions les conseils infâmes de ces capacités ou incapacités orales, de ces écrivains, ces littérateurs, ces journalistes à tant la ligne, qui font d'insurrection nécessité d'organisation sociale par le vol ou la dévastation? Et toi, peuple devenu souverain, homme physiquement et moralement libre devenu possesseur du droit de suffrage universel, ce qui fait ton droit social, ton droit à l'existence dans la société, n'as-tu développé tes facultés intellectuelles, la conscience que tu es forcé de prendre de tes droits, que pour n'être que leur dupe ou victime, pour n'être que révolutionnaire ou destructeur, ou leur bravo, pour ne t'en servir que selon la demande des désirs de tes sens devenus insatiables comme tes homonymes en titre de souverain, vu les sujets de convoitise qu'ont produits les développements libres de l'émulation par la concurrence en toutes choses? sans lois organisatrices et sans aucun autre frein que la somme de développement de facultés accordées à ton composé organique, n'as-tu, dis-je, que le droit du plus fort matériellement ou intellectuellement pour attaquer ou faire résistance comme eux, pour protecteur ou pour soutien de ton individu ou de ton droit d'existence? Doit-il en être de toi comme de l'animal envers plus fort que toi? Sont-ce les animaux qui sont des voleurs ou toi, en prenant sans rendre la même valeur qu'ils ont prise à la terre ou que tu as prise aux tiens? N'est-ce pas pour toi la récompense de tes labeurs manouvriers? N'est-ce pas une conscience acquise des nécessités d'organisation pour toi, et tout unique pour ton espèce sous le rapport social? N'est-ce pas là le droit de tous à une position sociale sans être contraire à autrui, ni qu'il puisse l'être à ton égard dans les nécessités forcées de vos rapports? Qu'est-ce, en somme, que ton suffrage individuel soit envers la chose ou l'individu, soit élémentairement comme suffrage universel qui, à cet état, n'est autre que l'expression de tes nécessités d'organisation sociale? Est-ce autre chose qu'une faculté humaine? Sont-ce les animaux qui nomment des animaux pour députés, ou des humains pouvant agir de même? Peux-tu croire n'être pas plus responsable de tes actions que l'animal? Puisqu'il en est ainsi, crois donc que ton suffrage universel peut devenir intelligent, et que, devenu intelligent, il peut seul te régénérer, si tu ne restes pas à l'état de l'animal le plus intelligent, qui peut et ne veut prendre conscience de ses droits, de ses devoirs, ni reconnaître que tu es le seul être responsable envers ton Créateur et ton corps social, et physiquement envers les tiens.

CHAPITRE III.

Anatomie analytique physique de l'homme politique, de ses effets physiques et moraux d'ensemble ou relatifs à l'individu; de sa physionomie actuelle.

Rien de plus facile à reconnaître, à comprendre que la politique, en prenant dans la nature son point de départ, pour reconnaître le moteur humain qui la fait agir. Aussi rien n'est-il plus exact, plus instructif que cette méthode pour pouvoir prendre conscience de ces résultats d'ensemble comme effets élémentaires politiques. Je dirai donc tout d'abord qu'on ne peut faire des résumés sans analyses préparatoires. Qu'est-ce alors que des préparations, sinon le fait de rechercher toutes les parties élémentaires de la politique, pour observer comment elles se groupent entre elles pour produire des composés ds résumés de politique? Je dirai donc ceci : Qu'est-ce que ce titre d'homme politique et quelle est sa racine? Sous le rapport naturel de l'animal, c'est une faculté organique toute particulière et reconnaissable dans de certaines espèces dont l'espèce humaine seule peut prendre conscience. Ainsi donc, pour l'animal c'est l'instinct suppléant à son manque de force physique pour attaquer ou se défendre envers d'autres genres ou variétés d'espèces que la leur, sinon entre eux, puisqu'ils sont tous égaux comme facultés politiques. Ces preuves sont irrécusables pour l'homme politique, puisque, pour posséder ce titre, il est forcé de prendre conscience de ses moyens d'attaque ou de défense, non envers la politique instructive des animaux, mais bien envers la politique appartenant aux facultés de la sienne, vu que, bien qu'égales comme même espèce, les différences sont très-disparates, comme possession ou genre de développement de cette faculté d'homme instruit en politique. Abandonnant la politique de l'animal, qui ne peut prendre conscience de son fait, pour ne plus m'occuper que de l'animal-homme pouvant l'obtenir, alors je dirai d'une part : Lorsque l'homme a pris conscience de la valeur d'une chose, peut-il, d'autre part, en ignorer? Il sut donc bien, dès l'état primitif des développements de cette faculté, que sa force physique d'attaque ou de défense envers les siens était insuffisante pour maintenir les développements des facultés et nécessités des siens en agglomérations de sociétés. Alors prirent naissance les sorciers, les fétiches, les prophètes, et le génie du christianisme comme fils de Dieu sous le rapport moral et sous le rapport physique, l'homme se nommant ou se faisant nommer l'exécuteur de ses œuvres, sous le titre de roi, d'empereur ou de chef de république, exploitant l'une ou l'autre puissance, qu'ils rendirent politiquement physique exécutive. Mais il en fut comme de tous les développements des facultés humaines; elles possédèrent leurs effets ascensionnels et rétroactifs, vu la conscience qu'elles sont forcées de prendre de leurs faits. Les conséquences de ces développements furent donc qu'aussitôt qu'un prestige était renversé, un autre reparaissait; alors autant de politiques déchues et de nouvelles politiques mises en pratique, autant de concessions obtenues par les vainqueurs, et, comme conséquence entraînante, progression ascensionnelle de politiques et d'initiés aux bénéfices d'exploitation de ces prestiges, jusqu'au jour enfin où apparaissent aux sociétés d'Europe, sous le rapport moral, les réformistes de la politique, les Escobars en religion ou les exploiteurs de la morale et des maximes sublimes du génie du christianisme, et, pour la France, le renversement d'un seul et même coup de tous ces prestiges en 93. Tel est l'historique très-succinct des résumés comparatifs et physiologiques des faits, des fonctions de l'homme politique, libre et possesseur de la puissance morale et physique des agglomérations d'humains à l'état nomade ou attaché à une partie du sol ou à l'état de société ou de nationalité. Vient maintenant l'historique des faits politiques de la France devenue politiquement républicaine, ensuite devenue monarchique, et enfin, par cause et droit prestigieux, redevenue forcément républicaine quand même en 1848. Je dirai donc qu'on ne peut nier qu'en 93, l'universalité des membres de la société ne fût proclamée libre et peuple souverain, libre de s'initier, de se développer dans les mystères, les prestiges de la politique. Nul n'ignore que, dans les temps anciens ou précédents, dans le cataclysme de révolution, de dissidence, de politique, le peuple ne fût que les matériaux d'action qui donnaient droit à telle ou telle politique de ces chefs de coterie, sans pour cela cesser d'être peuple. Si l'un des siens, par n'importe quel moyen, arrivait à la puissance dominatrice, sa politique se fusionnait avec celle des politiques avec lesquels il partageait les bénéfices. Alors il faisait volte-face aux insuccès et politiques populaires qui étaient cause de son avénement. La démarcation restait donc toujours bien tranchée entre nobles, bourgeois et peuple, bien que les politiques de la noblesse et de la bourgeoisie se fussent métamorphosés en présence de la puissance, de la majesté et souveraineté populaire. Cette politique ne cessa pas pour cela d'être souveraine, appelée soit monarchie ou république, peu importe, et, par ce fait, resta fétiche, prestige d'entourage d'agglomération. En 93, elle devint conventionnelle, et ces conventionnels devinrent alors l'entourage et les révélateurs des demandes de cette souveraine; ils la firent agir, parler, ni plus ni moins que les prestidigitateurs du droit divin et religieux; comme ces ci-devant du droit divin, ils en appelèrent à leurs nouveaux sectaires pour décider de la légitimité de la mise en pratique, en action, des révélations de leur souveraine; mais alors cette souveraine ne possédait pas la puissance religieuse, qui, au physique, n'était plus qu'une puissance de conviction individuelle sans aucune valeur d'action d'ensemble dans les débats et combats contre la résistance aux décrets de ces révélateurs. Elle ne pouvait donc plus être que le fait du plus fort en application de politique physique, vu l'état de dissolution matérielle du corps social. Alors chaque parti, étant à l'état libre, put faire valoir ses facultés. Quelles ne furent pas les résistances de ces partis pour s'agglomérer et les combats pour détruire les agglomérations de chaque révélation de cette souveraine! Aussi furent-ils terribles, sanguinaires, mettant à mort non-seulement le vaincu, mais aussi les moins forts des leurs, comme traîtres à la patrie. Tels furent les premiers faits d'installation et de fonctions des révélateurs du principe républicain, jusqu'au jour où le plus fort en puissance physique put les vaincre, tout étant parvenu à faire un corps de politique soldatesque à l'instar des empereurs romains. Tant qu'il fut le plus fort, sa politique prévalut; mais, insatiable dans le succès, il ressentit les effets rétrogrades de cette politique : il se suicida lui-même. La politique de l'homme libre et du peuple souverain se transforma alors en politique de l'individualisme, de la personnalité, du chacun pour soi; comme je l'ai dit, son état ascensionnel commença sous la dépendance de l'homme libre, comme elle commence ses effets rétroactifs sous la dépendance de la liberté industrielle et commerciale, ce que les politiques d'actualité ne veulent pas plus reconnaître que ne l'ont reconnu les politiques précédents ou pendant et après 93. La seule différence est que les derniers effets seront plus terribles, vu que toutes choses sont égales d'ailleurs.

En résumé, l'ennemi commun est donc la liberté illimitée en fonctions matérielles, et non celle intellectuelle de la pensée. C'est donc ce dernier prestige politique possible aux facultés humaines, aux membres d'une société devenue peuple souverain, qu'il faut s'en prendre et soumettre à des freins physiques et non moraux. C'est donc ce dernier tyran survivant, envahisseur, insatiable de possession, à qui importe peu la destruction ou dévastation de tout ce qui lui fait résistance, qu'il faut détruire; c'est ce monstre politique à figure humaine que le suffrage universel est appelé à combattre, pour pouvoir préserver le troupeau de lions humains qu'il fascine d'être toujours volé, de s'entre-dévorer entre eux.

CHAPITRE IV.

Des fonctions d'actualités en politique toute particulière et commune aux membres de la nation française; de la politique des républicains lettrés.

Loin de moi la pensée de m'en prendre à l'un ou l'autre des lettrés politiques journaliers, faiseurs de pamphlets et œuvres politiques de différents genres de doctrines politiques ou de formats; mais je veux leur prouver comme à tous leurs lecteurs la valeur réelle de leurs convictions en politique, soit comme polémique, soit comme œuvres. Qu'est-ce autre chose maintenant que d'ignobles et mutuelles récriminations entre eux, pour eux, soit comme économistes, soit comme des illuminés par le flambeau des idéalités puisées, copiées ou volées dans ces monceaux d'inutilités littéraires des temps anciens et contemporains, dont ils se font passer pour les auteurs, au lieu de consulter l'histoire de la nature humaine, d'en d'écrire les facultés, la possibilité, les tendances au bien ou au mal, puisqu'elle est toujours la même? Je dirai donc tout d'abord que leur valeur réelle n'a pour mobile qu'une spéculation pécuniaire; que leur plus ou moins d'érudition ou de facultés intellectuelles, ou de courage comme travailleurs, ou de liberté et de circonstances toutes en dehors de leurs prévisions, est ce qui les fait plus ou moins grandir en popularité ou palper des espèces. Ces fait reconnus irrécusables, viennent les faits matériels à l'appui. Qu'est-ce que les moyens d'existence du journaliste, ou des autres genres de littérateurs, sinon la nécessité quelconque dont la conséquence entraînante est gagner de l'argent, des places, des positions tout à la fois, et de produire de l'effet, des émotions pour obtenir un plus grand nombre de lecteurs ou d'acheteurs de livres ou brochures? Par ce fait, pour obtenir de tels résultats, ne sont-ils pas tous placés sous la dépendance de cette nécessité spéculatrice? Ils sont donc forcés, s'ils veulent tirer profit de leur savoir-gagner de l'argent, obtenir de la popularité, et, par-dessus tout, des positions avantageuses, de ne travailler que pour ces tyrans des convictions, puisqu'ils les font écrire en sens inverse de ce qui est la conscience de leur fait, tout en soutenant que c'est d'après leurs convictions ou d'après des révélations, comme le firent les prophètes. La nécessité est donc de trouver l'écoulement de leur littérature, de leur politique de circonstance, s'ils veulent réussir et ne pas mourir de faim, comme d'employer tous les moyens, vu que possession de première et deuxième nécessité a force de loi pour le littérateur, comme pour l'illettré libre. Comment alors peuvent-ils être assez osés pour dire qu'ils écrivent sous l'inspiration de convictions d'une conscience qui n'est pas la leur, puisqu'elle appartient à une nécessité impérieuse plus forte, qui commande et par ce fait ne pourrait pas les nourrir des produits des siens, si elles sont contraires à ces nécessités des sens? Ainsi donc de deux choses l'une: ou ce produit est le fait essentiel à ces première ou deuxième nécessité, ou elle ne le produit pas. Dans le premier cas, il ne peut que mourir de faim ou prouver qu'il manque de facultés, ou bien c'est la deuxième nécessité qui le fait écrire pour les nourrir l'une et l'autre. Autrement, si dans la lecture de ses écrits, quelles que puissent être ses actions, rien ne prouve que ses sens matériels et leurs nécessités ne sont pas juges et parties et sont les seuls mobiles qui le fassent écrire, alors celui-là seul peut croire ou prouver, même écrire selon ses convictions; alors elles fournissent leurs preuves d'une part comme de l'autre; elles sont donc ou le fait de conscience acquise par lui-même, ou il n'est autre que l'écrivain placé sous la dépendance d'une littérature ou de facultés supérieures à celles auxquelles il appartient corps et âme. Tels sont les seuls types matériels et les preuves irrécusables du ci-devant esclave affranchi comme littérateur auquel la révolution de 93 a permis de faire valoir ce genre de faculté en spéculation pour se ministérialiser, se trôner ou être libre de tout faire pour l'être, et dans l'insuccès s'entre-poser comme victime de son dévouement, de ses convictions, quand au contraire il ne l'est que de l'un ou de l'autre de ces tyrans. Vanités humaines soudoyées ou vous soudoyant vous-mêmes, qui êtes insatiables, prouvez donc que ce tyran est autre que la liberté illimitée que l'homme insatiable veut faire valoir à son corps défendant, en disant : Vaincre ou mourir pour la patrie et pour le peuple ! comme des hommes de conviction probe. Est-ce que les développements des facultés des organes sensuels et intellectuels de l'homme n'ont pas leurs différents âge de croissance et de maturité, leurs différentes situations, positions ou générateurs de croissance, de maturité? N'est-ce pas là ce qui a produit les innombrables variétés de faits, de fonctions et d'actions qui peuvent modifier ou développer ces facultés, sinon le plus ou moins de liberté que peut obtenir cet homme ou cet être? Qui peut répondre à un âge ce qu'il sera à un autre, ou en changeant de position? Le dire, le soutenir, n'est rien : le fait est tout. Est-ce que les organes de l'un comme de l'autre ne sont pas forcés de chercher les aliments qui sont essentiels à leur croissance, ce que les corps du règne végétal n'ont pas la faculté de faire, vu qu'ils sont forcés de croître et mûrir? Ou ils prennent racine ou périclitent et meurent s'ils en sont privés. Est-il une autre vue d'ensemble d'un corps social des humains, quand une de leurs fractions s'attache à une partie du sol du globe, puisqu'elle s'est constituée en société? Bien qu'ils soient libres de le parcourir en tous sens, ils n'en sont pas moins une dépendance. Qu'est-ce autre chose qu'un seul corps, un humain, un arbre, dont chaque racine est alimentée? Il renferme donc en lui les générateurs matériels et intellectuels de leur vitalité pour croître et mûrir. Les parties qui en sont privées sous ce rapport matériel se décomposent ou meurent prématurément, et sous le rapport intellectuel, comme humains, restent à l'état d'inertie, sans que le corps humain qui a cet état éprouve aucune privation dans la satisfaction de ses sens matériels. Les générateurs des facultés intellectuelles sont donc bien des dépendances des facultés intellectuelles; elles ont donc bien leur état de croissance et de maturité particulières à l'individu ou d'ensemble, ce qui forme l'existence de l'un et de l'autre. Tout est comparatif. Maintenant peut-on convenir que les développements de facultés intellectuelles n'ont pas procédé et ne procèdent pas toutes leurs libertés de développement individuel et d'ensemble, qu'elles sont les résultats de cette liberté accordée aux fonctions de l'animal homme à l'état d'inertie, pour intelligenter son corps, ses sens matériels, pour n'en faire que l'animal le plus capable et le seul de son règne qui puisse devenir responsable et soit contraint de l'être quand il appartient ou fait partie d'une société? Car, de deux choses l'une : ou ses fonctions, leurs développements, sont contraires à ce composé organique individuel et à leurs agglomérations d'ensemble, ou elles leur sont généreuses; si elles sont élémentaires, sans principe organique vital d'ensemble, qu'est-ce autre chose que des animaux. Suivant les lois qui lui sont contraires, l'individu ou le corps social dépérit ou meurt prématurément, au lieu de croître et mûrir sous le rapport matériel et intellectuel, si les générateurs sont en rapport avec leurs composés organiques. Quoi de plus simple à comprendre et de moins irrécusable que ces citations? A vous, brocanteurs de liberté illimitée pour vous, à vous, érudits, de les réfuter comme vous le faites à l'égard de tout ce qui vous fait résistance! Qu'est-ce que vos points de départ et le mobile de vos œuvres en systèmes sociaux, sinon la nécessité de faire prévaloir, de favoriser tout ce qui peut vous porter bénéfice? Il suffit, si on veut connaître votre valeur, de la réalité de ces citations, de mettre en comparaison le moteur d'action avec ses résultats. La matière intelligentée par elle-même ou par celui qui l'intelligente, appartenant l'un et l'autre aux nécessités de l'animal homme. Poursuivez donc vos œuvres de corruption en matière politique, vos turpitudes en systèmes gouvernementaux, vos jésuites philanthropes, vos rêveries en économie domestique, vos furieux dévergondages en républicanisme, vos féroces conseils en socialisme. Ce n'est pas cette liberté que l'on doit chercher à vous ravir; vous n'êtes que d'infinies particularités qui vous faites horreur à vous-mêmes. La liberté qu'il faut vaincre, c'est la transformation physique en fonction sociale ou envers l'individu de vos exécrables doctrines; il faut en détruire le prestige idéal à l'égard des sectaires, comme le sont en grande partie ceux des temps anciens. Ce ne sont pas, dis-je, toute ces excentricités en littérature, en machiavélisme, auxquelles il faut ravir cette liberté dans une république, mais il faut punir la calomnie dans ses auteurs. Du reste, ne sont-ils pas les tyrans d'eux-mêmes? ne sont-ils pas les révélateurs de tout ce que peut l'esprit humain, de tous leurs crimes, de tous leurs infâmes systèmes ? C'est enfin ce qui m'a fait dire que la liberté de la presse renferme en elle son frein régénérateur, que c'est le principe divin du développement des perfectibilités humaines. Quand, au contraire, la liberté en fonctions matérielles, dans les rapports qu'ont entre eux les humains, ne renferme en elle que sa destruction, c'est le principe destructeur des sociétés d'Europe dites civilisées, vu que l'universalité de leurs membres ne sont pas assujettis à des freins physiques dans ce genre de fonctions, et que leur équilibre gouvernemental est toujours la propriété, le droit d'action d'une fraction qui accorde ce droit non à tous les ayant droit, mais à eux seuls, parce qu'jls sont restés les plus fort physiquement et machiavéliquement. Le tout gît donc de bien frapper la transformation de ces dévergondages de l'esprit humain en fonctions sociales dans son transformateur, et non l'écrit qui n'en est que le plan; il ne faut pas les laisser libres de discuter leurs droits par l'insurrection armée, dont on finit par ne faire qu'un délit politique pour échapper à la peine de mort; il faut ôter à l'homme la liberté d'être juge et partie en fonctions gouvernementales, vu que la conséquence entraînante est d'être plus forte que le droit, que les lois émanent d'une majorité législative qui relève son droit du suffrage universel à l'état de principe, ce que nul de ces faiseurs n'ignore.

CHAPITRE V.

De la politique populaire des matériaux élémentaires des érudits.

Comme je ne traite que matériellement des faits de l'espèce humaine, je suis forcé d'appeler matériaux élémentaires l'universalité des membres de la société, vu que tout membre de société qui agit bon gré, mal gré, pour soutenir un droit qui n'est pas sien, ou qui n'a pas pris conscience de la nécessité qui le fait agir, n'est et ne peut être qu'une dépendance matérielle ou de son semblable ou de n'importe quelle chose. Par ce fait vu d'ensemble, les membres de la société ne sont donc autres que des éléments des matériaux des parties élémentaires intellectuelles qui, quoique détachées l'une de l'autre, forment d'ensemble un corps, une faculté intellectuelle de même nature, puisqu'elle est un fait de faculté humaine. Alors chaque partie de ce corps possède plus ou moins de facultés attractives ou répulsives de l'une ou de l'autre de ces parties; détachée, elle est plus ou moins libre. Ainsi donc il en est, quant au fond du corps social, de son droit, de son existence, comme du corps de n'importe quel individu qui en fait partie. Si l'individu agit contrairement aux lois de la nature toutes particulières à son composé organique ou toutes particulières au corps social, il est contraire au principe organique des fonctions de quelques parties d'existence de son corps social ou de son individu. Dans ce cas, le corps social se détruit graduellement, proportion établie de la durée d'existence d'un corps social ou de celle d'un humain. Le tout gît donc dans le plus ou moins de libertés que possèdent les parties, soit partiellement, soit d'ensemble. Telles sont donc les causes de la mort prématurée du corps social ou de l'individu qui veut être plus libre que la loi de la nature, ou qui veut rendre son corps social plus libre que la loi sacrée, immuable, positive, qui fait mouvoir les fonctions d'ensemble de l'univers. Est-ce là la nécessité essentielle de leur émulation par la concurrence, pour pouvoir se socialiser? Pauvretés individuelles, ou plutôt affreux révélateurs du chaos très-prochain de votre société, minorité destructive par les insatiables envahissements de la chose d'autrui, du jour où vous ne serez plus en puissance d'action physique exceptionnelle, le corps social pourra se régénérer. Tout est là. Je reviens donc à dire que, bien que chaque membre soit libre de se détacher du principe d'existence de son corps social, n'en redoutant pas les responsabilités, il n'en est pas moins placé sous des conditions d'existence. Dans ce cas, il est lui, dépendant de lui, et n'agit que pour lui; mais alors il n'agit pas pour rien; une cause, une chose est le motif de son agitation, de son émulation; cette cause, cette chose devient donc bien une nécessité; cette nécessité ne peut de même appartenir qu'à des principes organiques, soumis à des lois matérielles, sous le rapport animal, végétal ou minéral, des fonctions immuables dont l'animal humain, devenu lettré, ne peut éviter de prendre conscience et d'être responsable. Alors, libre ou non, détaché ou non de son corps social, il peut les enfreindre ou les observer sous le rapport de son individu : c'est donc une loi imprescriptible de responsabilité humaine; il a donc le droit de choisir entre les béatitudes que lui procurent les développements de ses facultés intellectuelles, ou bien la conscience qu'il acquiert des divins et sensuels produits des merveilleuses productions et trésors du sol, dont il est le seul et légitime usufruitier, vu qu'il en est le seul régénérateur et le conservateur. Mais peut-il croire pour cela être libre de pouvoir le détruire entièrement, comme il est libre d'être un Caïn, un assassin, un voleur, un destructeur, un dévastateur de tout ce qui fait résistance à ses débordements sensuels? Quelles que puissent être ses convoitises, elles sont soumises à un frein. Telles sont les nécessités que l'homme libre peut faire valoir; qu'il appelle cela son droit divin, sa conviction, sa politique, ou qu'il ait pu la rendre applicable, les résultats sont toujours des preuves irrécusables. Ce n'est donc qu'après avoir pris conscience de ces analyses dont les résumés sont palpables et à la connaissance de tous, que je peux dire maintenant : Qu'est-ce que la politique d'un individu, et de quelle importance est-il qu'il ajoute que ce sont ses convictions? L'essentiel n'est-il pas plutôt l'usage qu'il peut en faire qu'il faut prévenir; s'il reste libre de les appliquer à des fonctions d'ensemble et d'en faire son droit envers et contre tous, envers un concurrent aussi libre que lui de lui faire résistance ou de le voler ou de l'assassiner, de quelle essentialité est-ce qu'un ou tous deux s'entre-tuent, si aussitôt d'autres concurrents sont libres de surgir? La seule différence qui puisse exister sans rien changer quant au fond, c'est donc le plus ou moins de matériaux que font agir l'un et l'autre de ces deux tyrans qui ne sont autres que liberté et concurrence. Quels que soient les développements des facultés des membres de ce corps social, quels que soient les titres que s'octroient ses membres, ce sont ces deux tyrans qui, depuis l'état primitif de ces sociétés, ont, par leur liberté illimitée et concurrence sans frein, fait de l'ensemble des membres d'un de ces corps sociaux, qui est la société française, deux individus, deux concurrents ne formant plus que deux classes, ne fondant l'une et l'autre leurs droits, la légitimité de la possession, que par l'insurrection et destruction de l'une par l'autre ou de toutes deux à la fois; car un est à un entre deux corps simples, ce que néant est à néant. Tels sont les résultats des effets de l'émulation par la concurrence entre les fonctionnaires gouvernementaux et ceux que produisit l'émancipation des esclaves de ces deux tyrans en 93, ceux, dis-je, de la liberté industrielle et commerciale, qui est le dernier élément de destruction de société qui soit praticable, possible aux facultés humaines. Ainsi donc, dans cet état de confusion, de dissolution, de décomposition de tous les systèmes organiques d'existence possible, durable, de la nation française, le principe destructeur et le principe conservateur se trouvent irrécusablement en présence et fonctionnent d'ensemble élémentairement, soit vaporeusement, soit matériellement, et, au lieu d'être celles dépendantes de l'individu, ce sont celles dépendantes d'éléments à l'état impétueux de tempête qui doivent et peuvent prendre conscience de leurs effets et résultats destructeurs. Pourtant, comme éléments humains, ne sont-ils pas intéressés chacun à en modérer les effets destructeurs? L'ignorent-ils, en se servant de leurs semblables comme ils le font, en se servant des quatre éléments de leur puissance explosive? Qu'est-ce autre chose que ces parties élémentaires des corps simples détachées ou réunies entre elles? Peuvent-elles prendre conscience de leurs amalgames et rapports de facultés particuliers à chacune d'elles? Doit-il en être ainsi entre les humains dans leurs rapports et nécessités mutuelles d'agglomération, quelle que soit la classe ou la couleur plus ou moins blanche ou rouge de ce qu'ils appellent être leur politique, leur conviction? Est-ce que leur instinct de conservation ne les prévient pas? et pourtant aucun ne veut faire de concession à l'autre, mais tous veulent faire valoir leurs droits en s'entr'égorgeant. C'est leur chère liberté illimitée qui produit le genre de droits, cette émulation par la concurrence, qui en retour détruit le droit praticable, possible, de toute organisation sociale, de toute responsabilité mutuelle, de tout droit d'association, de classification, de protection, de frein de l'un envers l'autre, sinon celui du plus fort ou plus rusé. Il n'y a donc, dis-je, de reconnaissable dans cette corruption de tout sentiment humain, des responsabilités de la famille et de la protection physique à l'égard de l'individu, que le droit des minorités tel quel contraire à autrui, aux intérêts généraux, que le chacun pour soi pour chaque membre, et le chacun pour soi entre gouvernants et gouvernés; motif dont les conséquences entraînantes sont, comme action politique des gouvernants et des gouvernés, de n'être plus l'un et l'autre en état de pouvoir s'équilibrer sans s'entr'égorger. Il n'y a donc plus que le principe conservateur devenu suffrage universel qui puisse sauver et régénérer la société, si l'universalité des membres se soumettent aux conséquences telles quelles des lois émanant de la majorité de l'Assemblée législative, et non comme les nouveaux Escobars politiques le cherchent encore dans leur immonde littérature, pour escobarder la république et le suffrage universel à leur profit, et cela en se servant d'une majorité sans autre homogénéité que le chacun pour soi, pas plus instruite sur ses nécessités réelles socialisatrices que ne le fut celle des Escobars politiques qui, en demandant la réforme électorale, virent surgir la république; pauvre majorité s'appelant celle de l'ordre maintenant, qui est toute disposée à détruire encore, tout en voulant être rétrograde. Pauvres majorité, minorité politiques, qui n'êtes mues que par des nécessités qui vous sont toutes personnelles, et non par celles de conservation de votre corps social, sachez donc que votre cri instinctif de réforme n'était pas de réformer votre roi, mais bien sa puissance d'action gouvernementale tout exceptionnelle, mais bien les corruptions administratives de ses fonctionnaires, mais bien votre législation, mais bien les développements des libertés envahissantes des grandes spéculations et entreprises industrielles, qui pour en enrichir quelques-uns en ruinent plusieurs milliers, ou produisent ces progressions effrayantes d'industriels dont le moindre temps d'arrêt rend l'État pourvoyeur responsable de leurs nécessités, de leurs droits à l'existence, à l'assistance, ou fait d'eux des socialistes que les politiques du droit insurrectionnel font agir pour voler ou détruire. Voilà ce que votre cri de réforme à l'état instinctif demandait; telle est la nécessité d'action de la majorité des membres de l'Assemblée législative. Étant intelligentés par eux-mêmes, les députés seuls peuvent donc s'équilibrer maintenant, vu qu'ils représentent chacun cinquante mille responsabilités, et qu'un électeur n'en représente qu'une, qui est la sienne, et n'est plus rien une fois son vote jeté dans l'urne électorale. Eux seuls peuvent donc s'entre-fusionner et de majorité devenir minorité, sans insurrection armée, non comme deux tyrans en s'entr'égorgeant, puisque l'une et l'autre comme majorité et minorité représentatives sont immortelles, sont des principes d'équilibre, de conservation, d'existence sociale, des développements graduels, intellectuels de la conscience acquise du droit social qui, tôt ou tard, l'emportera sur la puissance des développements de la personnalité, de l'individualisme, et du droit particulier maintenu par des idéalités ou convictions d'érudits ou de politiques machiavéliques. De deux choses l'une : si le droit insurrectionnel armé peut l'emporter sur une majorité issue du suffrage universel, pas de droit légitime ni d'existence de société d'humains. Enfin, ces effets de majorité et de minorité des temps anciens et contemporains sont donc arrivés, comme je l'ai démontré, à n'être plus, à n'agir plus qu'élémentairement, sans conscience acquise de la puissance de ce qui est essentiel à la conservation des droits sociaux, de leur existence en société comme de leurs droits à l'existence comme membres d'une sociétés civilisée. La société et ses membres n'appartiennent donc plus qu'à ces effets de nécessités essentielles d'actualité. Pour tous, ces prestiges du droit divin, ceux possibles à l'esprit humain, à ses calculs politiques machiavéliques, sont arrivés à leur apogée de corruption, de destruction, pour avant vingt ans détruire entièrement la société, puisqu'ils agissent élémentairement d'ensemble comme mus par la vapeur sans modérateur. A ce dernier état, deux questions, deux problèmes sont à résoudre par ces avocats du peuple ou du droit social, à savoir, mourir par l'insurrection, ou intelligenter l'état misérable où en sont leurs matériaux. Ce n'est pas là de l'inconnu pour eux, et, en résumé politique, de conviction, de faits de majorités et minorités, comme de faits individuels communs à chaque membre, c'est la nécessité de chacun d'eux. Tout est là. Ils appartiennent aux nécessités d'organisation sociale, ou ils seront forcés de s'entre-détruire prochainement. C'est la puissance de l'individualisme humain arrivée à son paroxysme de possibilité destructive; c'est l'avenir qui les contraint de s'équilibrer entre elles sur le globe terrestre, sans pour cela que, de toute éternité, elle cesse d'être responsable dans son existence terrestre et éternelle.

CHAPITRE VI.

De mes espérances dans les effets du suffrage universel.

Par ce qui précède je peux croire pouvoir être compris, en disant ceci : Une monarchie, une république, un suffrage universel sont trois principes, se liant ensemble ou s'entre-combattant entre eux; ce sont trois axes d'agglomérations d'humains ne devant en former qu'un, pour alors devenir le principe d'existence sociale : dans le cas contraire, ce ne sont que trois systèmes dont des fractions de membres d'une société s'emparent pour les faire mouvoir à leur guise, sans pour cela que ces trois principes cessent d'être. Il suit de là la conséquence que, ne voulant s'unir entre eux pour n'en former qu'un, ces systèmes s'entre-choquent sans pouvoir détruire ni l'un ni l'autre de ces principes, mais bien alors leurs trois genres de systèmes, jusqu'au jour, enfin, où leurs combinaisons sont en rapport d'agglomérations et de fonctions. Quand à l'universalité des membres de la société, ce n'est donc pas là de l'inconnu. Tel est l'équilibre que l'ère chrétienne n'a pas encore centralisé dans une des sociétés où son souffle est l'âme de ces responsabilités. Je continuerai donc à dire :

Ayant élaboré, analysé, et pris conscience des résumés comme des effets naissants du suffrage universel comme principe, je dirai maintenant qu'il en est de ce principe comme de tout ce que produisent entre eux les êtres à organes animés de la vie matérielle etintellectuelle : ils ont chacun leur naissance, leur état de croissance et de maturité; ce qui n'est autre comme maturité de faculté humaine, que le développement possible des perfectibilités essentielles à sa socialisation en société, dont elle fut toujours libre de prendre conscience, comme d'éviter les responsabilités terrestres et éternelles. L'homme érudit ne peut ignorer comme principe que le Créateur seul a fixé les responsabilités. Quant aux sociétés dont les membres veulent rester libres d'enfreindre ces lois, je dirai ceci, que, puisque la société n'appartient plus qu'aux fonctions intelligentes du suffrage universel, puisqu'il est élémentaire, puisque les membres de la société sont en grande partie lettrés ou forcés graduellement de le devenir, surtout dans les sociétés d'Europe, puisqu'à cet état ils peuvent prendre conscience de ses effets régénérateurs comme de la valeur des sorciers, des prestidigitateurs, des machiavéliques politiques des temps anciens, comme de celle de leurs convictions politiques contemporaines, puisque nul ne peut ignorer qu'ils ont perdu leur prestigieuse puissance, ils sont donc bien dupes de ne pas tout faire pour faire prendre racine et croître ce genre de suffrage implanté sur leur sol, au lieu de déraciner, quelle que puisse être une des parties constituantes de ce genre de semence intellectuelle. Autrement, n'est-ce pas détruire une faculté humaine pouvant se développer? n'est-ce pas lui ôter son droit à l'existence? n'est-ce pas vouloir empêcher de croître une semence dans un sol généreux? Est-ce que le cultivateur, le fermier est contraire au développement de tout ce qu'il demande à la nature en fécondité pour récompense de ses labeurs? ne transmet-il pas aux siens, comme droit d'héritage, les exemples de ses succès et insuccès? Ce genre de pratique a-t-il dégénéré d'âge en âge, ou n'a-t-il pas plutôt étendu, développé ses merveilleuses fécondités? Et vous, équilibristes, légistes gouvernementaux, quels sont les effets de vos développements d'âge en âge, quels en sont les exemples? Les résultats et la sublime morale civilisatrice que vous avez fait croître, quelle comparaison pouvez-vous établir, quels sont les exemples, les résultats de vos systèmes sociaux des innombrables turpitudes que vous voulez toujours faire prévaloir? Quelles sont leur responsabilités éternelles et quelles sont les vôtres? Est-ce pour cela que les contemporains s'appellent société civilisée, parce que leurs animaux le sont, et que les humains, au lieu de l'être, en sont arrivés à être forcés de s'entre-détruire l'un par l'autre, révolutionnairement, en restant les matériaux élémentaires de ces apôtres du peuple ou de ces révélateurs de la pensée républicaine à l'égard du droit au travail, à l'existence, par l'insurrection. Est-ce là un principe civilisateur qui n'a pas conscience non-seulement de leurs désirs envahissants, mais bien aussi de leurs faits révolutionnaires, vu leurs résultats? Pourquoi donc, dis-je, ne pas espérer la naissance de la régénération progressive du développement des perfectibilités humaines essentielles à l'état presque agonisant du corps social? Pourquoi donc ne pas croire que cette majorité représentative, sans autre élément d'agglomération, quant à présent, au principe d'existence du corps social que l'instinct conservateur, ne deviendra pas homogène, qu'elle restera comme le suffrage à l'état instinctif de conservation au jour le jour, qu'elle ne se fusionnera pas, et ne recomposera pas dans les débats législatifs une majorité ascensionnelle ou une minorité devenant ascensionnelle, et finissant par l'emporter par le nombre des votes? Puisque là est le seul équilibre du droit social, est-ce un empereur, un roi, un président de république qui peuvent faire contre-poids, qui peuvent équilibrer cette puissance démagogique destructive de tous les instincts conservateurs des essentialités du droit et des intérêts généraux sur les intérêts particuliers, tans en prendre conscience, sans connaître de ce qui leur est consraire? Quoi de plus muable que les nécessités idéales humaines? Pauvre décrépitude héréditaire des équilibristes du droit divin des temps anciens et contemporains, et non du droit social, comme des responsabilités et devoirs rigoureux de tous envers ce droit, majorité et minorité, vous ne possédez plus que le droit de demander à la réaction ou à l'insurrection de vous maintenir comme jusqu'ici dans vos prétendus droits, ou de n'être plus l'un comme l'autre, à l'avenir, que des puissances passives agissant de par la constitution! Alors, majorité et minorité pourront échapper au tourbillon élémentaire populaire qui dévastera la société et son sol, qui mettra son corps et les siens en lambeaux. Voilà, majorité et minorité, ce dont vous êtes responsables dans votre éternité! Prouvez donc autrement et matériellement que les humains en société doivent rétrograder et revenir à leur état d'agglomération primitive de sauvages après avoir été lettrés! Ne serait-ce pas prouver que la graine d'un végétal ensemencée dans un terrain généreux ne développera pas toutes ses facultés de croissance et de maturité, et, qu'arrivée à ce terme, elle ne pourra pas se reproduire, croître et mûrir dans le même sol? Puisque le sol est généreux, puisqu'il en est de même quant aux membres qui l'habitent, puisqu'ils y trouvent de même les générateurs de tous les développements de leurs facultés organiques et de leurs première et deuxième nécessités, pourquoi donc alors, une fois arrivés à leur degré de développpement de facultés intellectuelles, ne pourraient-ils s'en servir que pour s'entre-détruire comme les animaux et végétaux, sans aucune conscience de leurs faits destructifs? Est-ce que les développements d'ensemble des perfectibilités humaines n'ont pas de même leurs principes d'agglomérations progressifs, ascensionnels et conservateurs de sociétés? Faut-il croire qu'en résumé ce sol redeviendra la pâture des animaux qui en dévorent les produits et ses habitants mêmes, ne pouvant le rendre fécond pour s'y reproduire, s'y maintenir et nourrir leurs progénitures? Doit-il en être ainsi entre civilisés, entre habitants du sol français à l'état politique? Est-ce quand il est devenu le paradis de l'homme lettré que les lettrés en feront le tombeau prématuré de leur corps social et celui des membres de la famille? Cette nécessité de la conservation de tant de sentiments, de tant de trésors, sera-t-elle pour quelques jours, quant à la France, la proie de minorités insatiables dans leurs envahissements, et anéantie le lendemain. L'essentiel est donc de prendre conscience des faits et des choses. Tels sont les devoirs, les responsabilités qu'assume sur elle la majorité de l'Assemblée législative. Le tout est de n'avoir d'autre politique que celle de détruire les prestiges de l'esprit humain, de n'avoir d'autres freins que ceux des lois positives sans aucune exception envers n'importe quel membre. Alors le droit social l'emportera sur la liberté illimitée que s'accordent par tous les moyens politiques quelques fractions. Alors il n'existera plus que la liberté de la pensée, de l'écriture et du suffrage universel, qu'une société civilisée ne peut ravir à aucun de ses membres, non privé de ses droits civils, sans commettre un crime de lèse-droit humain. Le tout consiste donc à conserver dans la constitution l'article qui donne droit de la réviser à époque déterminée dans la constitution, et quels que puissent être les articles de ces codes qui, dans l'état actuel, sont le seul et unique moteur de toutes les désorganisations sociales. Autrement révolution périodique jusqu'à entier anéantissement de la société avant vingt ans.

CHAPITRE VII.

Du droit du citoyen en suffrage universel, mode d'application à l'égard de ses ayants droit.

Bien que j'aie fait part de mes espérances dans la régénération possible de la société; bien que j'aie fourni toutes les preuves matérielles possibles, essentielles, à la pénétration, à l'instruction de l'érudition et du jugement du lecteur, il me faut encore dire sur quoi elles se basent, et ce que peuvent obtenir les légistes pour rendre leur édifice indestructible. Je dirai donc tout d'abord que, si la base est matérielle, elle est réelle. Ce n'est alors que l'édifice qui s'élève qui peut s'affaisser, s'il n'est pas ce que la nature de son principe exige qu'il soit. Qu'est-ce que la base du suffrage universel, sinon un principe de la nature, une nécessité d'assentiment et de fait organisateur d'ensemble? Ce n'est pas un système de suffrage exceptionnel particulier à quelques membres de la société; car, dans ce cas, la base est l'homme et l'édifice est le système; ce qui devrait être le contraire, vu que l'homme est mortel. Le tout gît alors dans la composition de ce système, puisqu'il est principe organique animé par l'homme pour qu'il puisse fonctionner régulièrement sans s'entre-détruire dans ses parties constituantes, et ne pas s'anéantir par lui-même avec ses systématiseurs. Dans ce cas, dis-je, toutes les parties constituantes doivent coopérer à son édification et ne peuvent en être distraites sans cause réelle et non idéale. Qu'est-ce qu'un système, sinon le produit de sciences exactes, ou le fait et produit d'idéalistes exploiteurs de toute chose, de tout principe, de tout produit, de toute puissance matérielle ou de facultés intellectuelles? Ces faits sont reconnus irrécusables : peu importent donc les convictions de ces apôtres en religion, ou de ces faiseurs ou exploiteurs de politique et de législation ; il s'agit de les juger et de ne s'en prendre qu'à leurs systèmes, à la possibilité de les mettre en pratique. S'ils sont appelés à les faire mouvoir, vu les comparaisons établies avec les résultats des précédents metteurs en œuvre, alors, rien de plus facile. Mais, pour que cela soit, il faut au préalable avoir pris conscience de mes précédentes études et de ce que c'est qu'un principe, de ce que c'est qu'un homme libre; autrement, on ne peut être que des bavards ou des perroquets plus ou moins instruits, ayant plus ou moins de mémoire, ou des infâmes qui exploitent le peuple, leur matière d'action insurrectionnelle ou criminelle. Hommes instruits de la valeur d'un principe comme de votre propre valeur, croyez-vous toujours vous servir du peuple, de cet élément terrible, sans prendre conscience de sa force élémentaire, sans redouter d'être pulvérisés par elle? Faites-en donc un générateur, un moteur d'organisation sociale, au lieu de le rendre explosif et destructif de l'ensemble de la société! Tel n'est pas mon but en fait du droit de tout membre de la société au suffrage universel; telles ne sont pas mes recherches de socialisation; mes études et leurs citations sont des résumés de sciences exactes, seul moyen praticable, respectable, pour connaître les éléments d'action d'ensemble populaire. Je serai donc aussi réel qu'exact à l'égard de ce droit.

Du droit au suffrage.

Ou le suffrage universel est et doit exister dans toute l'acception de son titre, ou ce n'est qu'un suffrage exceptionnel, comme dans les temps anciens. C'est une propriété ou un composé pour un certain genre et nombre de membres d'une société. Dans ce cas, il serait reconnu qu'il y a encore deux genres d'espèce humaine, dont une libre et l'autre composée de subordonnés, d'esclaves, ne devant pas participer à ce droit. Dans ce cas, dis-je, il n'est universel qu'à l'égard de ce genre de membres. Alors ce n'est qu'un droit de l'un sur l'autre, puisque, comme droit humain, c'est le droit de tous. Il faut donc être conséquent, quand on traite des droits comme des fonctions d'un principe de la nature, et ne pas vouloir quand même ce qui n'est pas ou ne doit pas être. J'abandonne donc toutes les criminelles et fausses théories mises en pratique par les faiseurs des temps anciens, comme celles qu'ont mises en pratique les contemporains, et que cherchent à réobtenir les rétrogrades actuels, et revenant au positif, qui est le point de droit de ce principe, je dis qu'il est humain, puisque c'est un principe dont les fonctions organiques sont des dépendances de facultés humaines, particulières à l'individu, ou relatives à un droit d'individu envers un autre, ou particulières entre un plus ou moins grand nombre d'individus; comme point de droit, le suffrage universel est un droit humain et un droit de tous dans une société, surtout du jour où une fraction des leurs le possède gouvernementalement. Peu importent les différents degrés d'instruction et de possibilité de développement de facultés possible à l'individu qui a droit d'en être, comme aussi leurs différentes possessions et positions, s'ils ne sont pas flétris par les lois pour les faits de leurs propres. Leur vote tel quel est un droit humain, et forcé de s'intelligenter, de se développer, de progresser et de se purifier par lui-même; c'est le principe progressif des perfectibilités humaines; c'est ce qui a produit dans les temps anciens, par d'incessants combats, la progression et le développement du droit des humains, du droit de suffrage universel. Les résultats, quant à la nation française, sont que ce droit est devenu le droit de tous, puisqu'un article de la constitution républicaine le proclame principe. Les hommes se sont donc reconnus face à face tous égaux sous ce rapport, sans cesser pour cela d'être ni plus ni moins que des humains, sans être pour cela plus d'accord sur la pratique ou plutôt sur le fond, vu que, comme principe, ces faiseurs ont toujours eu intérêt à le dénaturer, pour ne pas être assujettis à la seule égalité à laquelle doivent prétendre les membres d'une société. Il en est de même des réformes qu'ils sont appelés à opérer à l'égard de leurs libertés et droits tout exceptionnels et de leurs séparations en fonctions et actions jusqu'alors antisociales et criminelles. Cette grande question est donc encore placée sous la dépendance des passions aveugles des crieurs de réforme s'appelant maintenant les hommes de l'ordre, comme sous la dépendance des débats d'une assemblée législative mue par les mêmes éléments, puisqu'ils en sont l'expression. Elle est placée sous la dépendance de membres rebelles envers les lois immuables et sacrées de leur Créateur, rebelles à leur droit social, rebelles aux lois organiques, aux droits de l'individu. Qu'est-ce au fond, je ne saurais trop le répéter, sinon l'état représentatif de toutes les possibilités que puisse atteindre la liberté illimitée de l'individualisme corrupteur du chacun pour soi, majorité législative sans autre homogénéité que la peur, qui la fait agir instinctivement et voter pour la conservation, pour les nécessités d'actualités, sans conscience de l'avenir? Qu'est-ce maintenant que la minorité? Une lèpre contagieuse, destructive d'ensemble, tout en possédant en elle le baume de guérison des lèpres et corruptions sociales. Elle ne peut se régénérer, devenir majorité, qu'en employant ce baume; autrement, elle devient une société de lettrés corrompue, pourrie, et cela très-prochainement, si elle persévère à être rétrograde ou à vouloir quand même les lois de la nature, sans pouvoir s'en prendre à d'autres qu'à elle-même. Telles sont leurs responsabilités terrestres. Quelles seront alors, mon Dieu, celles que vous réservez à leur éternité? Pardon cent fois, lecteur, pour qui la conscience de ces faits est le baume préservateur de ces corruptions, de ces responsabilités éternelles; mais il m'était impossible, comme moraliste, de ne pas analyser à fond ce dont sont capables les membres d'une société restée libre en fonctions physiques comme gouvernementants et gouvernementés, au lieu de ne l'être que sous le rapport intellectuel, en pensée ou en écrit, seule liberté dont l'homme puisse être libre de développer toutes les facultés. Je reviens donc à dire que le suffrage, étant universel, est un pour tous, et ne peut être imprescriptible à l'égard de qui que ce soit. C'est un principe, c'est un droit divin, égalitaire pour tout membre de la famille humaine. Mais il n'en fut pas ainsi, vu les différents genres de familles, de lois, de droits, de religions, toutes exceptionnelles, et de liberté d'action, des membres de la société des temps anciens. Ce fut le chacun pour soi dans le sein de chacune d'elles, et le droit du plus fort qui en fixa les règles et l'appela un principe. Les résultats furent donc que ce droit du plus fort, ayant toujours enfreint les lois sacrées, immuables, fut renversé sous le rapport monarchique et religieux et devint celui de la souveraineté populaire ou du plus fort en nombre; il s'appela finalement suffrage universel en 1848. Puisqu'il est devenu le plus fort comme principe, peut-il maintenant rétrograder sans se détruire lui-même, ainsi que ses membres? Peut-on consciencieusement déroger à ce principe, attenter à la plus minime partie de ses ayants droit, sans l'enfreindre? N'est-ce pas vouloir détruire plus fort que soi? Il faut donc être conséquent avec ce qui est le droit imprescriptible des membres d'une société qui se dit civilisée, et plus encore dans la société où ce droit est consacré par une constitution : autrement il n'est qu'illusoire; alors tous les cataclysmes qui l'ont précédé doivent être considérés comme des faits surhumains, sans conséquences prévues ou à prévoir, ou sont des faits ne méritant pas ou ne pouvant pas être étudiés; mais il faut étudier les moyens de les remplacer par d'autres plus illusoires encore. Pauvres idéalistes, pauvres illuminés, monstrueuses réalités et résultats des fonctions de l'homme libre sans limites autres que ses insuccès, que ne composeront jamais les faits et dévouements de l'homme libre ou du génie du bien libre de même sans condition! Qullee preuve plus frappante d'épouvante que la situation d'actualité des membres de la nation française, situation telle que philosophes, légistes, économistes, socialistes, érudits, capacités littéraires ou parlementaires et populaires, que nul de ses membres ne croit à un système applicable, sinon par chacun de ces systématiseurs, en restant libres comme précédemment? Tel est l'état des développements actuels de destruction d'ensemble, vu que l'ensemble des membres de la société n'a obtenu cette puissance administrative d'action que révolutionnairement, insurrectionnellement, au lieu de l'obtenir par la puissance physique de freins et de droits égalitaires. Est-il un autre moyen réel possible de régénération à rendre applicable à des révolutionnaires, à des insoumis? Faut-il persévérer à l'être sans connaître les résultats, sans aucune amélioration reconnaissable? Mais il s'agit d'être les plus avancés, ou plutôt les plus près du précipice où s'engloutira la société. Il n'existe donc plus deux moyens possibles, praticables, comme cela aurait pu avoir lieu dans les temps passés. Le moyen d'actualité est une majorité issue du suffrage universel, seule puissance et principe physique d'être au préalable par ce fait soumis aux responsabilités mutuelles envers la famille, envers la législation, sans être sous la dépendance d'une coterie, d'un individu s'en rendant le propriétaire. Voilà pourquoi les propriétaires des sociétés d'Europe et de France en particulier persévèrent à faire prévaloir leurs exécrables systèmes d'émulation par la liberté, par la concurrence en toutes choses. Voilà pourquoi, d'autre part, ne voulant faire l'abandon de leurs droits usurpateurs, de leurs positions obtenues, soit par le vol, soit par la force brutale ou intelligente possible à l'homme libre, comme aussi de leurs titres, de leurs fatuités, de leurs dominations, ils ne restent que des hommes d'un jour, tout en étant convaincus que le résultat de leurs pratiques, de leurs systèmes, les tuera, sinon eux, du moins leurs enfants. Cela importe peu à leur paternité et fraternité. Vaincre par l'insurrection qu'ils motivent, ou être tués par elle, en lui faisant résistance ou en cherchant à réussir par elle, tout est là. Pauvre peuple! il n'y a plus de choix en systèmes régénérateurs que celui d'une majorité issue de ton suffrage universel, imprescriptible à l'égard de tous les membres de la société. Telle est la solution de ce principe maintenu jusqu'ici à l'état problématique, et cela quand un instinct d'ensemble conservateur en démontre les réalités régénératrices. Je le répéterai donc, quel que soit l'état déplorable, corrompu, des sentiments de la famille du corps social, le droit du citoyen français existe; lui ravir la plus minime partie de ce droit, c'est lui ravir tout, c'est attenter à l'ensemble de tous ses droits, c'est perpétuer le droit de l'individu envers et contre toutes lois et organisations d'ensemble, c'est l'intérêt des minorités l'emportant sur les intérêts généraux; c'est autoriser l'insurrection, et de plus c'est la rendre légitime; c'est le droit de la liberté illimitée de l'individu dont l'insuccès à la faire prévaloir envers et contre tous est le seul frein, et, à un temps donné, la destruction entière de la société. Trêve de citations, c'est un droit imprescriptible, divin, sacré. Bien qu'il n'en soit pas ainsi, cela ne veut pas dire que ce n'est pas un composé, un mécanisme, un système, dont toutes les parties intégrantes, bien que membres de la société, ne sont pas susceptibles d'amélioration, de révision. Sans rien changer quant au fond, quant aux droits de chacune de ces parties, sans pour cela, dis-je, être rétrograde, est-ce qu'une amélioration essentielle à un mécanisme ou à l'ensemble des membres d'une société accuse des tendances rétrogrades? C'est plutôt le fait de ces faiseurs d'émulation, d'agitation, qui prêchent le *vote* par l'assassinat, qui tuent prématurément la société. Sont-ce là des améliorations? Peuvent-ils s'appeler républicains ou socialistes avancés? Ce sont plutôt des Escobars en république, en socialisme de par leurs saintes convictions, comme les réactionnaires et les monarchiens. Voilà les lèpres contagieuses de la société. L'essentiel est donc de connaître la simplification de ces fonctions comme organisation, sans en distraire ou détruire la moindre de ses parties constituantes pour que ces parties ne puissent renier leur participation de responsabilité comme parties constituantes, et par ce fait rendre légitime le fait insurrectionnel contre la société. Telles en sont les conséquences.

CHAPITRE VIII.

Projet de révision du suffrage universel; des droits de ses membres pour être électeurs.

Article 1er. Tout membre naturel ou naturalisé Français est de droit électeur à vingt-cinq ans, et ne peut être éligible qu'à trente.

Article 2. Nul électeur ne pourra s'abstenir de voter, sans encourir une amende proportionnelle à sa position dans la société, ou à un emprisonnement s'il s'y refuse. Une loi à cet égard statuera sur le jour de l'élection, le mode d'indemnité pour perte de temps et de salaire à l'égard du citoyen salarié travaillant à la journée.

Article 3. Tout citoyen ou citoyenne majeure sera possesseur d'une carte, laquelle carte portera d'un côté son signalement, son âge, la demeure de sa famille, la sienne, ainsi que la profession. Le dessous de cette carte recevra, quand le citoyen aura acquis l'âge d'électeur, une impression de timbre indiquant qu'il a rempli ses fonctions d'électeur.

Article 4. Tout citoyen et citoyenne devra de même faire constater sur cette carte ses changements de domicile. Une loi à cet effet réglera la forme du timbre quant aux logements ou aux hôtels et maisons garnies qu'il habite.

Article 5. Du 15 décembre au 15 janvier de chaque année, ces cartes seront remplacées par d'autres; nul citoyen ou citoyenne ne pourra obtenir de nouvelles cartes qu'à la mairie où la précédente lui a été remise, quel que soit l'arrondissement où il demeure; seulement alors il sera libre d'obtenir un récépissé à sa présentation à la mairie où sera son nouveau domicile, et où on lui en fera délivrer une nouvelle. Il en sera de même des membres appartenant à chaque préfecture, sous-préfecture ou chef-lieu de canton, où elles se délivreront.

CHAPITRE IX.

Observations sur le mode d'application des cartes de citoyen en suffrage universel.

J'ai très-succinctement élaboré ce projet de révision de suffrage en ce que le mode de carte de citoyen simplifierait autant que possible cet échafaudage électoral qui maintenant est sans valeur quant au fond, et de plus j'ai pensé que les pénalités d'une part, le déshonneur ou les désagréments de l'autre, pour tout membre qui en serait dépourvu, seraient plus que suffisants pour arriver à des résultats physiques et non fictifs, et débarasseraient de tous les obstacles onéreux à l'État, comme pratique, qui empêchent la marche progressive des fonctions d'ensemble comme aussi la simplicité de ces fonctions. Je crois de même ne pas devoir m'étendre en citations inutiles, sinon oiseuses, à l'égard des débats que pourra susciter la mise en pratique de ce projet; mais je veux faire ressortir quelques-uns des avantages pour l'ensemble des membres des deux sexes de la société, et plus particulièrement à l'égard des prolétaires. Quant aux membres fortunés, je dirai tout d'abord : Quelle honte serait-ce pour eux, et quel membre n'a à rougir de la preuve testimoniale de son titre, de sa position ou, si l'on veut, d'être membre de la nation française, comme du fait qui, en temps opportun. établit sa preuve de ses moyens de vivre comme aussi sa position sociale dans la société ? Un vieux proverbe dit : Il n'y a pas de sots métiers ou de sottes positions, mais bien des sottes gens ou des gens méprisables, ou des positions pénibles. Par cela, l'un et l'autre seraient vérifiables avec réalité, aussi bien qu'appréciables à leur juste valeur. Peu importent les motifs d'exhibition de cette carte; seulement on ne pourrait l'attacher à son chapeau ou à sa casquette. Par ce fait, dis-je. les membres pour qui le décorum est tout pourraient, comme par le passé, faire de l'effet dans la foule comme le macaire qui en serait privé. Abandonnant ces fatuités, ces excentricités populaires de la ville, rentrant dans l'efficacité que ces cartes pourraient apporter, je dis que je suppose ce mode établi. Chaque mairie aurait par ce fait son bureau spécial; alors elle connaîtrait non-seulement les citoyens et les citoyennes de sa circonscription, mais aussi leurs professions et positions; elle connaîtrait le nombre des prolétaires et des nécessiteux. Rien de plus facile alors que les divisions en catégories, comme aussi les répartitions soit de secours, soit de participation égalitaire à des améliorations d'hygiène ou d'alimentation à meilleur marché et plus saine que celle que produit l'émulation par la concurrence des fournisseurs. D'autre part, cela dérangerait-il en rien le mode relatif aux membres qui en seraient privés, étant placés sous la dépendance de la police, et qui n'auraient par ce fait aucun rapport avec les mairies ? Aussitôt qu'ils seraient privés de leur carte, la police la renverrait à la mairie, où mention serait faite du motif comme du jour de sa restitution à l'ayant-droit. Par ce moyen, dis-je, on pourrait arriver aux responsabilités de l'individu envers la famille et à celles de la famille envers l'individu. A vous, avocats des droits du peuple; à vous, systématiseurs socialistes; à vous, philanthropes et économistes; à vous tous illuminés par le flambeau des idéalités, de n'en pas faire la torche incendiaire de votre édification et civilisation, prêchez, vomissez vos doctrines, déblatérez contre les miennes, c'est votre droit intellectuel; autrement dit, ce sont les lois de la nature à l'état élémentaire, ou celles de la société en dissolution, si les membres peuvent faire valoir ce droit par des voies de fait envers l'individu ou par l'insurrection armée. Ce n'est pas là ma manière d'instruire mes semblables, ni mes systèmes de socialisation.

CHAPITRE X.

De l'équilibre d'un gouvernement populaire comme puissance d'action entre ses membres.

Quand, hélas! dans une société, le langage de la nature remplacera-t-il celui de l'idéalisme humain en législation? A cet égard, je dirai : Ne vous effrayez pas, lecteur impopulaire, à l'aspect de ce titre gouvernemental, et plus encore d'être placé sous sa dépendance. Je vous dirai à l'avance que, quant à moi, rien d'idéal, d'impraticable, d'immoral, d'inhumain, d'antisocial, de dégradant pour le caractère de l'homme ne sera de mon fait, ni commenté pour faire prévaloir des utopies, des personnalités. Peu vous importe comme à moi un titre, une dénomination, une expression? il faut s'attacher aux valeurs idéales ou réelles, et à l'usage ou l'exploitation que l'homme a la faculté d'en faire. A cet égard, je dirai que de trois choses l'une, ou la société est sous une dépendance monarchique, ou sous celle d'un gouvernement représentatif, ou enfin sous un gouvernement républicain. Qu'est-ce alors que le titre réel de ce gouvernement? Alors, comme homme, on ne peut être que sous une dépendance monarchique, ou représentative, ou républicaine; car il faut être quelque chose, comme aussi sous la dépendance de quelque chose. Mais, en ce dernier cas, je dirai que rien n'a plus d'analogie comme dépendance que le monarchien et le républicain, vu que c'est être sous une dépendance de souveraineté absolue que d'être républicain, puisque vous comme moi, chers lecteurs, nous sommes devenus des souverains. Faut-il pour cela nous guerroyer, nous entr'égorger; il faut plutôt, avant les voies de faits, nous entendre sur la valeur, la dépendance, la responsabilité de nos souverainetés. Causons donc ensemble sans passion. Qu'est-ce qu'un gouvernement? Un mécanisme humain animé par des humains. Quelles en sont les parties constituantes? Des humains. Comment s'appellent ces ensembles? Des parties, des corps, des éléments humains, et d'ensemble un peuple. Il n'existe donc d'autre dénomination à ajouter à ce titre que de l'appeler peuple français ou russe, peu importe. Mais il ne peut y avoir deux genres de peuple dans une même nation : je n'apprends là rien de nouveau; mais à toute chose il faut un commencement. Telle est donc la constitution réelle d'un gouvernement monarchique ou républicain. Maintenant quel est son principe d'animation? Un moteur humain s'appelant monarchie, peu importe le genre, ou une république telle quelle. Alors ce moteur n'est autre et ne peut être qu'un élément d'agglomération humaine, bien que le peuple s'agglomère à l'un ou à l'autre de ces axes d'agglomération, et ne forme plus qu'un tout appelé nationalité. Chacune de ces parties ou de ces membres ne s'en compose pas moins d'humains placés sous des conditions de moteurs de nécessités, d'animation individuelle et d'ensemble. Autrement cette agglomération serait un composé organique, un mécanisme à l'état d'inertie. Ainsi donc, la première condition est le moteur qui maintient l'animation de l'ensemble, et la deuxième le moteur individuel d'animation particulière à chacun des membres. La première est l'animation, la vie organique élémentaire d'un corps social, et la deuxième une de ces parties élémentaires, un corps organique, un humain, un être en vie, s'animant par lui-même ou animé par des générateurs dont il prend ou ne veut pas ou ne peut pas prendre conscience de la valeur. Telles sont bien les racines, les deux conditions d'animation d'un composé, d'un mécanisme social et d'un corps humain. Revenant au principe d'agglomération, à cet axe d'existence sociale appelé roi ou république, peu importe le système gouvernemental, il en faut un. Le tout est qu'il soit durable, et, pour être durable, il ne faut pas que les fabricants de ces genres de systèmes restent libres de le détruire ou de s'entr'égorger pour le rendre applicable ou maintenir celui dont ils ont hérité envers et contre tout, ou qu'ils ont été assez forts pour faire prévaloir plus longtemps. La preuve, c'est que, quant aux sociétés d'Europe, elles ne firent que braver la puissance élémentaire populaire, tout en s'en servant, au lieu d'intelligenter leurs fonctions pour pouvoir opposer des freins à leurs développements partiels, à cette fin de pouvoir en diriger les effets progressant d'ensemble. Il n'en fut pas ainsi, ce ne fut que le fait du plus fort ou du plus rusé. Les développements des facultés des membres de ces sociétés, et de la France par-dessus toutes, ne s'obtinrent donc que par des révolutions et insurrections incessantes, toujours de plus en plus rapprochées entre elles. Mais, dira-t-on, je le suppose, tant de siècles écoulés quant à la nation française sous la dépendance de monarchies de droit divin sont des preuves irrécusables de valeurs gouvernementales, comparaison établie avec le système républicain des temps anciens et contemporains. A cela je répondrai : Les résultats de l'un comme de l'autre, qu'est-ce autre chose sinon le même chaos, le néant des systématiseurs et de leurs systèmes, comme aussi bientôt le chaos très-prochain de la nation française, si ses membres veulent persévérer à n'être que les usufruitiers de ces systèmes, ou les copistes de toutes ces tours de Babel tombées en ruine ou de ces systèmes civilisateurs contemporains, qui n'ont pu pour cela empêcher les développements de perfectibilité d'ensemble de progresser, qui ont de même aussi leurs axes d'agglomération, ce génie du socialisme qui deviendra la puissance physique, le moteur d'animation du corps social de l'une ou de l'autre de ces sociétés et par la suite de toutes? Qu'est-ce alors que le socialisme, puisque tout ne fut que prestiges possibles aux facultés humaines, toutes destructives entre elles au lieu d'être en harmonie d'émulation, d'animation? Pourquoi alors les nouveaux systèmes ne seraient-ils pas de même des utopies, des faux systèmes, une nouvelle exploitation possible aux membres d'une société comme les systèmes des apôtres contemporains? Je répondrai à ce sujet que nul produit de la nature ou des facultés manouvrières ou intellectuelles de l'homme, pas même l'homme n'est à l'abri de son exploitation, s'il n'est possesseur de force physiques ou de facultés intellectuelles égales qui lui font résistance. Alors s'établit tout naturellement l'équilibre entre l'attaque et la résistance, entre la convoitise et la possibilité d'obtenir sa possession, et cela à l'égard de quelque homme ou de quoi que ce puisse être. Il ne faut donc pas être un érudit, une grande intelligence, pour juger à fond ces citations. Alors je continuerai à dire que le génie du socialisme est une science exacte, positive, qui prend son espèce dans le règne animal, qui anatomise ses organes matériels et intellectuels et leurs possibilités de développement de facultés, qui en étudie les valeurs, qui fait tout pour les développer et leur faire prendre conscience par elles-mêmes de leurs valeurs, qui modère physiquement et non par la morale leurs fonctions dans leurs rapports matériels entre humains et comme membres de société; qui protége la morale, qui fait une société de membres civilisés et non de soi-disant civilisés, n'ayant aucune protection contre le fort ou le rusé, lesquels s'entre-volent ou s'entr'égorgent pour éviter la résistance que fait le possesseur de la chose au voleur qui veut la prendre, et de plus la rendre légitime propriété; on dit : Possession vaut titre. Voilà, quant au fond, les bases et points de départ des études de la science exacte du socialisme; voici donc, chers lecteurs populaires ou impopulaires, mes notions préparatoires pour constituer un gouvernement populaire dans toute l'acception de la valeur du titre de puissance souveraine populaire.

CHAPITRE XI.

D'un gouvernement populaire.

Un gouvernement populaire, dans toute l'acception de sa valeur, est tout ce qu'il y a de plus réel, de plus praticable pour socialiser les humains, et, quant aux sociétés dites civilisées, tout ce qu'il y a de plus fourbe, de plus antisocial, de plus destructif d'elles-mêmes à un temps donné très-rapproché, vu les résultats dans les sociétés d'Europe. Est-ce faute d'en connaître par leurs membres, et surtout par les gouvernants, ou faute de prévoyance? Ni l'un ni l'autre. Le seul fait palpable, irrécusable, à cet égard, est que gouvernants et gouvernés veulent rester libres, les gouvernants de voler les gouvernés, et les gouvernés de les imiter ou de les remplacer, sinon de les détruire ou d'être libres d'en faire autant entre eux, soit en concurrence gouvernementale, soit en concurrence industrielle et commerciale. Voilà ce qui est irrécusable pour rouge ou blanc, pour tout habitant de ville, vu les résultats. Dans cet état, quel est le gouvernement durable, quelle est la société pouvant être socialisée, quand les développements d'individualisme, de personnalité ou du chacun pour soi, en sont arrivés à tomber sous une dépendance de développement d'ensemble destructeur dont ils ne veulent pas encore prendre conscience des effets toujours progressants? Est-ce parce qu'il s'appelle maintenant un gouvernement républicain et comme conséquence entraînante qu'il ne peut être qu'un gouvernement populaire? Pas le moins du monde; c'est parce que chaque instinct des envahisseurs insatiables est prévenu qu'avec un tel gouvernement il faudra être soumis à des lois physiques passives une fois promulguées, parce que la liberté ne sera plus exceptionnelle, et le droit du plus fort une exploitation, un fait intellectuel s'amalgamant, se fusionnant avec toutes les fonctions et actions matérielles, vu qu'elle sera tranchée, séparée physiquement des fonctions physiques sociales, à l'égard de tous les membres de la société qu'elle ne sera plus qu'orale et littéraire, étant la seule liberté que l'homme ne puisse retirer à l'homme, sauf son droit de protection contre le calomniateur, le faussaire; c'est parce que les responsabilités mutuelles, celles envers la famille, envers les lois, ne seront plus ces responsabilités illusoires morales dont l'homme libre se pare, mais bien physiques quant aux fonctions envers autrui; parce que la concurrence produisant l'émulation ne sera plus un droit de liberté individuelle, mais bien un pouvoir accordé par des lois organiques traitant cette matière; parce que nul de ses membres ne pourra se parer non de titres héréditaires, mais bien de ceux qu'il a su ou saura mériter, et qui désignent son genre d'emploi, qui peuvent être aussi pompeux que précédemment comme décorum, ce qui est un droit humain de tous les membres d'une société réellement civilisée; parce que tout sera réalité et non prestige en fonctions physiques, et que, comme première condition, les intérêts généraux d'organisation et d'existence sociale l'emporteront sur les intérêts particuliers. Voilà ce qui est évident soit pour les uns, par pressentiment des charges et responsabilités qui pèseront sur eux, soit pour les autres, qui ne pourront plus développer leur industrie toute relative à leur individu, quoique contraire aux intérêts généraux ou d'autrui, soit enfin pour les prolétaires, qui craignent de voir classer, catégoriser chaque genre de fonctions parmi les gouvernementés comme elles le sont et seront parmi les gouvernementants. En résumé, toutes les fonctions seront passives, tous les membres seront contraints de se soumettre aux lois, et n'auront plus d'autre voix délibérative, physique, qu'étant députés, et seront contraints de se soumettre de même à la sanction de la majorité de leurs votes.

Tout cela est terriblement despotique à faire observer à des souverains du droit divin ou populaire. L'avenir social le veut ainsi. Voilà pourquoi une partie des membres qui connaissent, qui ont conscience des conséquences, des développements progressifs d'un gouvernement républicain, lui sont contraires, sinon réactionnaires, voire même révolutionnaires, tandis que l'autre partie, qui est la plus nombreuse, est entièrement ignorante ou mal instruite sur les améliorations, tant au physique qu'au moral, que ce genre de gouvernement est susceptible de leur procurer. En résumé, je dirai qu'une question, un problème gouvernemental n'est pas résolu par des si, ou des mais, ou des parce que, mais bien en cherchant des moyens réels d'application qui soient en rapport avec les possibilités de mise en pratique, pour que le tout croisse, mûrisse et produise son fruit. Le tout est de ne fonctionner que d'après des principes.

CHAPITRE XII.

De la dépendance du gouvernement français, et de celle des membres de la société.

Est-ce le gouvernement qui est sous la dépendance de l'universalité des membres de la société, ou est-ce l'universalité des citoyens qui se trouve sous la dépendance du gouvernement? Tel est le problème actuel a résoudre, et cette question est toujours aux débats littéraire, sans autre solution que les insurrections ou les révolutions. Dieu sait, ainsi que les membres de la société, si depuis 91 ce genre de civilisations, de révolutions et d'insurrections a fait défaut, et si les gouvernants et les gouvernés se sont équilibrés, si enfin ce grand échafaudage problématique a produit la moindre solution, si tous ces machiavélismes politiques des gouvernants, si les envahissements incessants des gouvernements ont amené des améliorations, de l'homogénéité dans la civilisation, si les misères sociales que chaque révolution ou insurrection a enfantées, jointes aux insuccès que produit la concurrence industrielle, n'ont fait que croître, se multiplier effroyablement en révolutionnaires appelés maintenant socialistes! Quels en sont les exemples? Quelle lumière ne s'est pas projetée sur chacun d'eux comme réalité instructive pour les gouvernementants? Quels en sont les résultats? Toujours les mêmes, toujours des gouvernants, le mot de liberté dans la bouche et fermant les yeux en présence de ces sinistres réalités, ou des êtres aveuglés par la domination ou illuminés par des idéalités de convoitises impalpables, et pour résultat, les chefs de ces coteries s'entre-trônant, se détrônant, s'entre-métamorphosant ou s'entre-immortalisant, ou se vilipendant. Tout en eux, par eux et pour eux, sans pour cela, tant qu'ils ont signe d'existence comme gouvernants ou gouvernés, cesser l'un et l'autre d'être sous la dépendance du droit social, dont ils ne veulent pas prendre conscience, pas plus que de leurs faits et résultats, qui sont ceux de leur destruction entière, ou d'être sous un gouvernement républicain de fait et non de titre.

CHAPITRE XIII.

De l'équilibre gouvernemental d'un gouvernement républicain.

Pour obtenir ce qui est possible, il ne faut demander que ce qui est praticable. Toute demande peut se faire, mais il n'en est pas de même de sa mise en pratique; si la base est un principe, elle est matérielle, palpable, irrécusable; si c'est une idéalité sans point de départ, elle manque de preuves. Ceci posé, compris, je vais maintenant faire l'analyse de l'équilibre gouvernemental républicain. Je dirai tout d'abord que, comme preparation, il faut supposer que le mode de carte de citoyen est en vigueur à l'égard des membres de la société, vu qu'en fait de systèmes sociaux comme en toute chose, il faut commencer par quelque chose; c'est la base de la première organisation d'ensemble. Autrement rien de possible, rien d'applicable, si au préalable ce premier principe constituant ne peut s'obtenir, et, pour l'obtenir, cela ne tuera aucun membre. Je reviens donc à dire : Qu'est-ce qu'un équilibre gouvernemental, sinon une faculté, une puissance humaine, pouvant maintenir en équilibre les membres d'une société entre eux? Cette puissance fut jusqu'alors physique et morale tout à la fois; c'est ce qui fit que ces deux puissances, étant libres, voulurent chacune s'arroger le droit de propriété sociale comme de l'ensemble des membres de chaque société, tandis que toutes deux, quant au fond, ne furent autres que deux individus, deux puissances, deux éléments restés libres de s'exercer l'un sur l'autre. Tantôt l'une était la puissance d'action ou celle obéissante; il fallait donc, d'une part, obéissance passive et, de l'autre, puissance de commandement. Peu importent donc les moyens qu'ils employèrent, et, quel que fût leur équilibre, les faits s'accomplirent de part et d'autre. Les résultats en sont des preuves irrécusables. Peu importent aussi la valeur de leurs principes et les droits réciproques de ces temps anciens, mais il faut connaître les résultats, les faits contemporains. Quelle autre preuve à fournir, sinon que ces deux puissances, pour régner en souveraines sur les sociétés, furent forcées de s'associer? Elles ne formaient alors qu'un corps comme puissance d'action, mais elles en formaient deux comme puissance d'équilibre, de fonctions et actions des humains. C'eût été très-bien, si l'équilibre moral n'eût pas voulu être celui de toutes les sociétés du globe, n'eût pas voulu être souverain par-dessus toutes les souverainetés, en employant ou dirigeant comme puissance exécutive de ses envahissements la puissance physique. Aussi fut-elle vaincue par elle-même, et, par la résistance à ses envahissements physiques, elle fut la cause de la destruction de partie de ses associés et non de sa morale qui surgira toujours sans pour cela que son équilibre ait cessé d'être un principe de développement, de perfectibilité humaine. Quelles preuves plus frappantes à citer pour ces deux puissances, quant à leurs faits et résultats destructifs en France, que 93 et même jusqu'à nos jours? Quels ne furent pas les nouveaux genres d'équilibres et d'équilibristes qu'ils firent croître, puisque tout d'abord et d'un seul coup de langue, l'universalité des membres furent proclamés souverains et libres de monter sur la corde ascensionnelle des gouvernementants, quels que soient les moyens qu'ils avaient à employer. L'essentiel fut de savoir ou pouvoir s'y tenir. Pauvres équilibristes qui n'avez pas conscience de vos insuccès, de vos incapacités à se savoir, pouvez-vous renier vos chutes et les puissances de résistance que vous avez à vaincre maintenant? pauvres Escobars! ils avaient affaire à des souverains à l'état sauvage. Qu'est-ce que les succès ascensionnels des contemporains comparés aux effets rétrogrades des souverainetés des temps anciens, et plus encore, ce qui est tout, l'état d'individualisme, de dissolution de corruption, qu'a produit chacune de vos ascensions, étant libres dans toutes vos fonctions comme gouvernementants et gouvernémentés? Et, comme résumé, quels sont les équilibres et les équilibristes qui restent debout comme puissance d'action gouvernementale? Un peuple encore une fois souverain, un gouvernement encore une fois républicain, un suffrage universel fictif; en somme, une chambre souveraine dont la majorité est le seul et unique équilibre des nécessités d'organisation sociale. Tout est là maintenant. Reste à savoir si elle doit être souveraine par-dessus les trente-six millions de souverains dont il faut qu'elle équilibre les mutuels rapports entre eux, ou si elle doit rester sous la dépendance de divers genres de fractions de coteries souveraines. Tout est encore là pour les faiseurs de points de droit ou de systèmes spéciaux, voire même d'équilibre, pourvu que ce ne soit pas celui qui leur serait applicable, n'ayant pas conscience qu'ils sont plus nombreux que jamais. Je peux donc me mêler dans la foule sans redouter que mon système d'équilibre soit contraire à mes projets d'ascension gouvernementale, sans être traité d'ambtieux ou mû par un intérêt personnel. Puisque je fus vingt-cinq ans garde national sans avoir même voulu être caporal! Je ne fus et ne suis et ne peux être autre chose qu'un gouverné qui espère instruire les miens comme aussi les gouvernants. Si ce n'est en ce siècle, ce sera dans l'autre ou pour d'autres sociétés. C'est une offrande que je fais aux mânes de mon père, dont toutes les vertus civiques et les facultés intellectuelles sont les mobiles de ma situation.

CHAPITRE XIV

Système d'équilibre social.

Jusqu'ici les sociétés d'Europe n'ont eu d'autre puissance d'équilibre que la faculté d'un homme ou d'une agglomération d'hommes mus par les deuxièmes nécessités de la conservation de leurs vols et des bénéfices qu'ils peuvent en retirer. Ces chefs de sociétés furent donc forcés de conserver deux genres d'équilibres, c'est-à-dire un à l'égard des gouvernementants et l'autre à l'égard des gouvernementés ou du peuple. Peu importe le genre d'application de ces équilibres et le droit d'où ils relèvent cette puissance essentielle d'action. L'essentiel pour eux, c'est de pouvoir faire résistance aux uns et aux autres, comme aux envahissements de l'un sur l'autre entre les gouvernants et les gouvernés. L'essentiel, pour le législateur, est donc de connaître la valeur des développements de cette puissance de résistance et d'attaque, de la prendre où elle est physique et de savoir s'en servir sans qu'elle fasse explosion, puisque c'est un élément matériel, et non celle prestigieuse qui est le vol, avec conscience du vol, ne formant que des voleurs. Telles furent et telles sont les conséquences entraînantes où sont placés les membres de la nation française, et les équilibres à établir entre ces développements entre les gouvernants et les gouvernés. Puisque les gouvernants ne s'occupèrent jamais de l'équilibre qui était particulier à leur prise de possession de la fortune nationale et de celle des gouvernés, cela leur fut possible tant qu'ils purent faire du peuple des matériaux d'actions pour l'obtenir, et cela prouve la possibilité de l'homme libre. Mais ils ne le purent jusqu'alors sans partager avec la résistance quelques débris, sans faire de leurs membres des politiques de leur genre, plus ou moins systématiseurs, ou économistes, ou philanthropes, et sans faire d'ensemble une pâture des corbeaux qu'ils traitent maintenant de socialistes.

Ils firent tant et si bien entre eux, qu'ils furent obligés de partager leurs titres de souveraineté, qu'ils furent forcés de convenir de qui ils relevaient leur souveraineté et puissance d'équilibre. L'homme-roi fut transformé en un fétiche, en une idée que son entourage put faire parler. C'est donc à cet entourage de répondre maintenant de laquelle des deux souverainetés il relève ses droits gouvernementaux. Est-ce toujours de celle prestigieuse ou de celle de la souveraineté du peuple? De tous deux tour à tour, tant que les promoteurs de ces titres furent les plus forts; mais, en fait de souveraineté républicaine, ils ne le furent pas longtemps. Le plus fort des leurs s'empara de tous ces souverains, et les ramena à leur état normal d'agglomération passive à l'égard de ses commandements. Tout recommença comme précédemment, sinon que les gouvernants et les gouvernés furent placés sous d'autres genres de dépendances. Sous l'impression de tant d'exemples faibles, de tant de nécessités croissantes et de genres de libertés de concurrence et de surabondance de générateurs de développements, ils purent se maintenir, et cet homme seul put tenir l'équilibre des gouvernants comme celui des gouvernés. Lui seul avait donc pu obtenir le plus haut degré ascensionnel, comme équilibriste, de société, sans avoir rien fait pour s'équilibrer lui-même, de manière à pouvoir s'y maintenir, et cela tout naturellement, au degré ascensionnel essentiel à sa conservation, à celle de la civilisation et socialisation des membres de sa société. Après sa chute, le balancier d'équation sociale redevint encore la propriété du droit divin des temps anciens, qui n'en fit pas meilleur usage, et redevint la proie d'une révolution populaire pour une nouvelle branche de ce droit, qui fut renversée à son tour par le souffle de la réforme électorale, ce qui ramena enfin une dynastie populaire, représentée par une chambre de représentants républicains. En présence de tels résultats, en toute conscience, qui donc, comme homme, peut être assez insensé, assez audacieux pour se croire le plus fort maintenant, pour pouvoir voler ce balancier, cet équilibre de puissance sociale une et indivisible? Ce principe a donc pour seul titre maintenant une majorité relevant son droit légitime d'elle-même, droit qui ne doit être subordonné à n'importe quelle puissance de coterie ou d'individu. Le tout gît donc dans le moyen qu'elle possède pour se maintenir en présence de sa minorité, pour de majorité ne pas devenir minorité, ce qui, du reste, n'aurait rien d'inquiétant quant à l'ensemble social. Autrement, si c'est par l'insurrection armée, il n'en surgit que des monstruosités humaines, qui, dévorantes, furieuses, assassines, pillent ou dévastent la société. Qu'y a-t-il donc encore de si impraticable pour la majorité aujourd'hui pas plus que, dans les temps précédents, pour les chefs de la société, s'ils avaient voulu prendre réelle conscience de leur puissance physique et morale pour se maintenir, et par ce fait maintenir la société et ses membres en harmonie dans leurs rapports sociaux, au lieu d'être l'une et l'autre un ensemble d'équilibristes, de saltimbanques politiques? Qui peut ignorer que leurs jongleries et escobarderies pour les uns est connue, qu'elles sont surannées pour les autres, et qu'il en est de même des prestiges gouvernementaux arrivés à être sans aucune puissance d'action organisatrice? Ce qu'il leur fallait alors comme toujours, à l'un comme à l'autre, c'était de n'être que justes pour être puissants, pour pouvoir se maintenir et régénérer ces corruptions, et de plus de punir, sinon de soumettre par des moyens physiques, sans aucune exception, tous les citoyens, s'ils veulent relever leur droit d'action d'une puissance au-dessus de celle des lois exactes, sacrées, positives. Tout est là. Maintenant que je crois avoir analysé ou tout au moins éclairé les racines, le fond et le point de droit, comme aussi les problèmes des propriétaires de sociétés comme ceux de systèmes d'équilibres sociaux, je vais me résumer en fait de puissance socialisatrice existant de toute éternité dans les sociétés. Je dirai : Qu'est-ce qu'une puissance populaire agissant organiquement, systématiquement, d'ensemble, de l'une sur l'autre comme principe? C'est une puissance qui est son moteur d'émulation et son frein d'émulation; elle relève ses droits d'elle-même et se doit tout à elle-même. Alors que seraient pour elle ces dissensions intestines d'organisation, comme aussi les querelles politiques ou les attaques armées des autres sociétés, puisque ce genre de société serait devenu invincible? Le tout est donc de ne pas redouter les développements de la puissance populaire, puisqu'elle renferme en elle le modérateur, l'équilibre de ces développements; mais c'est de savoir connaître sa puissance, de savoir la diriger, comme le génie est parvenu à le faire en se servant des éléments tout matériels. Est-ce que le plus grand service que le génie humain puisse rendre aux siens n'est pas leur organisation sociale? Peut-il dire ne pas en connaître les parties constituantes? Qu'est-ce autre chose que des éléments qui, après leur réunion, leur adhérence, ne sont encore que des éléments matériels, dont on peut dire que c'est un ensemble d'éléments plus ou moins nombreux? Est-ce parce qu'ils sont plus ou moins nombreux qu'on ne peut pas calculer la puissance de chacun d'eux ou de tous ensemble? Ne sont-ce pas toujours des hommes adhérents à un homme ou à une chose? Ne sont-ils pas alors des axes? Si cet ensemble est aggloméré à un homme, cet homme peut-il, doit-il ignorer la valeur de ces parties constituantes, bien que ces parties l'ignorent? Ignorent-ils la valeur de la chose à laquelle les humains ont le plus d'affinités pour s'y agglomérer? Ignorent-ils que ce sont des humains à organes et facultés comme les leurs, pouvant se développer à leur exemple, pouvant étudier, sonder, pénétrer tous les mystères de la nature comme ceux des fonctions, productions et actions du génie humain? Pourquoi donc alors, axes d'agglomérations humaines, faiseurs de choses d'agglomérations humaines, au lieu de leur constituer des axes réels indestructibles, n'en fîtes-vous que des prestiges, des fétiches, des choses d'exploitation, des motifs de vol, et cela au nom de votre dieu? Pourquoi n'êtes-vous partageux qu'envers aussi fort que vous? Alors, comme résultats, comme conséquences entraînantes, que pouvaient, que peuvent être vos successeurs, sinon des imitateurs, des prestidigitateurs, des exploiteurs, des voleurs quant au fond, ou bien, si l'on veut, sous le rapport animal, des facultés des corps organiques agissant l'une sur l'autre, selon les lois de la nature et celles du développement des facultés? Un érudit, un lettré, l'homme même sachant à peine lire, l'ouvrier de la ville, peut-il se croire impénétrable à une érudition ou à une faculté, sinon supérieure, mais bien égale à la sienne? Est-ce que toutes ces innombrables particularités de développements de facultés n'ont pas chacune leurs degrés de croissance individuelle et d'ensemble, et ne sont pas forcées de se développer, étant en contact avec les générateurs de leurs développements? Est-ce que l'homme instruit n'est pas forcé de prendre conscience de ce qui est bon ou mauvais? Le tout est donc, ne pouvant l'empêcher, d'apprendre à lire, et de fournir les moyens pour qu'on soit responsable et forcé de prendre conscience des freins ou plutôt de la justice distributive des lois, qui ont le droit de temporiser ou de détruire les développements contraires à l'ensemble du corps social. Puisque tout l'historique de la possibilité des facultés humaines se résume en ces quelques citations, comment se fait-il que, les membres de la nation française s'étant qualifiés du titre de société civilisée, vu que les trois quarts des Français savent lire, ils persévèrent toujours à n'être, quant au fond, que des voleurs plus ou moins libres, plus ou moins capables de faire valoir ce genre d'industrie? Comment dompter de tels développements, sinon par une puissance physique, pour que nul des membres de la société ne puisse s'entr'exploiter par des prestiges tels quels? Alors je dirai que la puissance physique ne peut être que celle toute matérielle des premières nécessités d'existence, des intérêts généraux l'emportant sur celles particulières à l'individu. Quant à la puissance morale, elle ne peut être qu'individuelle sous le rapport religieux, ayant droit de constituer des lois, des freins égalitaires entre les rapports de l'universalité des membres. Ceci posé, comment a droit de se constituer la première puissance, qui est physique, pour que ces lois organiques soient morales? C'est, d'une part, en rendant toutes les parties constituantes ou l'universalité de ses membres mutuellement responsables physiquement, et non en s'en rapportant à leur bon vouloir, à leurs convictions, à leurs écrits ou à leurs dires, n'étant considérés d'ensemble que comme des possibilités tout individuelles à l'espèce humaine de toute éternité, et, d'autre part, pour que nul membre de la société jouissant de ses droits civils ne puisse en être exclu, s'il ne les a perdus par sa propre faute. Ce droit est un principe et non une puissance d'exceptionnalité toute particulière à une nature humaine exceptionnelle, prenant son droit au fond d'un puits. Est-ce que tout ce qui est fonctions physiques ne comporte pas en lui ses preuves, ses responsabilités comme principe? Est-ce que nul développement ne peut être, ne peut avoir de base ou de point de départ que d'après un principe? Il faut donc que toutes ces parties constituantes soient subordonnées à ce principe, qu'elles en fournissent les preuves matérielles; autrement, étant rebelles aux lois de la nature, elles s'entre-détruisent d'elles-mêmes, sans rien changer aux principes; elles agissent d'après les lois du principe destructeur, au lieu d'être mues par le principe conservateur. Ce sont les membres d'une société d'humains fonctionnant comme des animaux, tout en ayant conscience de leurs vols, de leurs responsabilités terrestres et éternelles. Ce n'est donc qu'en prenant conscience de ces réalités, en suivant les lois des sciences exactes, en ne dérogeant par aucun moyen à ces droits à l'égard de toutes les parties constituantes, que le droit social devient une puissance d'action physique légitime et morale, mue par le principe conservateur de l'espèce humaine. C'est le principe de ses premières nécessités qui ne laisse développer les deuxièmes nécessités qu'au bien : pourquoi donc alors un instinct, un sentiment conservateur, s'appelant l'ordre maintenant, ne formerait-il pas cette puissance d'agglomération physique essentielle à sa régénération? C'est parce qu'elle est ignorante et mal instruite sur la valeur de sa puissance d'ensemble, parce qu'elle n'entrevoit d'autre salut que par la destruction entière de l'une par l'autre, en s'appelant les uns des hommes de l'ordre, et les autres des républicains démocrates et socialistes, ou les matériaux d'action révolutionnaire. Les uns, en criant : A bas le socialisme! n'osent pas dire la république, et les autres, en criant : Vive la république! disent, dans leurs petits comités : Mort aux aristos! Qui peut ignorer les résultats de pareils moyens organisateurs, et ne pas voir que ce n'est pas le paroxysme que puissent atteindre les développements destructeurs d'une société?

Puisque les membres de la nation française sont prévenus instinctivement de ce chaos, puisqu'ils sont en présence de leur destruction, pourquoi désespérer ou s'entre-assassiner sans prendre conscience de l'ennemi commun, qui n'est pas l'homme, non plus que la liberté de la presse qui régénère, mais bien la liberté qu'ont les citoyens de transformer la pensée, l'écrit, le conseil, en action, en fonction physique, matérielle, au lieu de ne la faire dépendre que de lois civiles constituées en principes et non en systèmes? Au reste, tout particulier a des coteries qui veulent s'en rendre responsables. Ce point de droit reconnu, vient maintenant la possibilité d'obtenir la puissance modératrice de tels développemens destructeurs et d'en constituer l'équilibre sans qu'ils s'entre-détruisent entre eux : cela est très-simple et ne se peut qu'en les intelligentant, en les dominant, d'abord par des lois égalitaires de répression physique basées sur les principes mutuels de responsabilités, par celle du talion, qui ne fasse pas faire à autrui ce qu'on ne voudrait pas qu'il vous fît; et, dans l'un ou l'autre cas, en trouvant protection sous cette dépendance. Cette puissance a donc toujours existé, existera toujours, puisque c'est un droit humain pour toute société et sa forme gouvernementale; d'autant plus que nulle société ne peut exister sans un gouvernement. Qui ignore qu'une société n'est pas mue par un principe ou un axe ou une puissance physique? L'un ou l'autre doivent être en rapport d'équilibre ou de puissance de résistance avec les développements progressifs des parties constituantes dépendantes de ce tout? Qu'est-ce alors que le gouvernement comme principe? Qu'est-ce que l'axe? Rien comme principe, s'il est variable, s'il est mortel, s'il est destructible par l'homme. Qu'est-ce que la puissance physique humaine? Un principe matériel forcé de devenir puissance morale en développant ses facultés, puisqu'elle seule peut obtenir l'équilibre entre les parties composant son tout. Nul n'ignore, et les résultats en sont des preuves matérielles, que les sociétés d'Europe ne furent mues ou gouvernées que par un homme ou une minime fraction d'hommes qui se sont rendus propriétaires du sol, du corps et des facultés de l'universalité des membres de la société. Alors, comme principe, ne furent-ils, ne sont-ils pas physiquement et moralement responsables de leur propriété comme aussi des développemens des facultés de leurs peuples et de leur minime fraction soit divinisée, monarchisée, soit républicanisée. Ces minorités purent tout et le peuple rien, sinon leur bétail, leur troupeau populaire, qu'ils appellent maintenant *vile multitude*, pour être autorisés à retirer à plusieurs millions de citoyens le droit électoral. Tel fut, tel est de toute éternité le principe de responsabilité qu'assumèrent et qu'assument maintenant sur eux les principes gouvernementaux. Ce dont ils ne voulurent et ne veulent encore prendre conscience, en ne voulant pas en tenir compte, ce sont ces innombrables transformations et genres d'exploitations et de leurs responsabilités, sinon en présence de la révolution de l'insuccès ou de la mort. Rentrant dans la matière de leurs fonctions, quelque innombrables qu'elles purent être, elles se résument en un fait : être le plus fort ou le plus rusé. Sous le rapport animal, c'est le lion, et, sous celui de tous les êtres de ce règne, c'est l'homme; mais, tout en étant plus fort que le lion, il ne peut pas être plus fort que lui-même. Il suit de ce fait, que s'il veut dompter son semblable, c'est autant de plus forts que le lion qu'il a à dompter; c'est ce qui, comme principe, força ou forma l'assoelation entre humains sous le rapport intellectuel et physique, sans que cela les empêcha, sous le rapport animal, d'être ni plus ni moins que toujours prêts à se dévorer, quand ils éprouvent résistance à obtenir leurs convoitises, ou qu'ils sont en présence du butin qu'il faut se partager. Enfin, le plus fort fut donc jusqu'alors le principe gouvernemental, quelles que soient ces variations de formes et leurs genres de propriétaires. Il en est encore ainsi; la question du plus fort seule domine, et les gouvernants, ou une fraction de n'importe quel nombre, veulent toujours en être propriétaires, et prendre pour leur compte les conséquences entraînantes de ces responsabilités. C'est donc à nous, troupeau humain, n'ayant obtenu que la divine liberté de braire nos plaintes, sous le rapport moral, d'écrire nos méditations, de leur prédire leur avenir, d'attendre qu'elle devienne la plus forte, qu'elle ne soit plus mue par les doctrines des plus forts, par des systèmes d'exception tout particuliers à des fractions qui ne sont ni plus ni moins que des parties égalitaires, subordonnées de même à des principes constitutifs d'ensemble : celui-là est le plus fort des plus forts, car c'est celui du Créateur. Espérons donc qu'il deviendra bientôt une réalité gouvernementale pour la société. Misère humaine, hommes du jour, qui ne prévenez, ni ne cherchez à remédier aux conséquences criminelles, antisociales, de vos vols en systèmes sociaux, en propriétés nationales et droits du citoyen, vous pouvez maintenant compter les années qui vous restent de jouissance comme propriété héréditaire gouvernementale; votre instinct, sinon votre conscience, vous en avertit, vu que la conséquence de vos faits, comme résultat, est la destruction de toutes puissances et principes gouvernementaux. Abdiquez donc ces droits superficiels, usurpateurs du droit social, pour éviter d'aussi terribles responsabilités. Si ce n'est par vous, que ce soit par vos enfants, puisqu'il en est temps encore. Cela ne veut pas dire d'abdiquer vos droits de citoyens ni ceux de vos possessions immobilières, ni ceux des développements de vos facultés au bien et au sublime. C'est un droit humain. Dans une société civilisée avec réalité, ce n'est pas le plus riche, le plus élevé en grade qui est le plus fort, mais le plus juste et le plus soumis aux lois émanant d'une majorité législative issue du suffrage universel, pourvu qu'il soit le fait d'un principe; droit de tout citoyen qui vaut bien le nom de *monsieur*, qu'on peut tout aussi bien adresser à un voleur, ce qui n'aurait pas lieu si chaque citoyen était porteur d'une carte; car nul n'ignore qu'il faut relever son droit d'action de quelque chose, ne serait-ce que d'aller et venir. Ce sol, sur lequel on piétine, est une propriété nationale ou particulière, à moins d'être dans la position de Robinson Crusoé; mais, en tout état de cause, il faut prouver qu'on est dans son droit devant la nation ou le propriétaire particulier, ou à l'égard des animaux qui vous le disputent. Il en doit être ainsi à l'égard de ces droits. Ces simples citations éclairent sur les points de départ d'un principe. Qu'est-ce alors que relever son droit de législateur d'une société d'êtres soumis à un principe, au lieu de tout résumer en disant : Je suis le plus fort, puisque je domine; je suis le plus puissant et le plus libre, étant le plus riche? En ce cas, le plus fort est donc maintenant le gouvernement, et les plus faibles tous les gouvernés, sans être plus soumis aux lois pour cela. C'est pourtant le peuple qui est le principe, et, en résumé, un gouvernement relève sa puissance gouvernementale du peuple, ou il s'est imposé de lui-même et malgré le peuple. Alors, au lieu que ce gouvernement soit sous la dépendance du principe gouvernemental populaire, c'est le peuple qui est sous la sienne. Pourquoi donc alors une chambre représentative du peuple? Tout gît donc en ceci : Ce gouvernement fonctionne-t-il d'après le principe populaire ou d'après un système particulier à une fraction? Cela est ou n'est pas, et rien n'est plus facile à résoudre. Je dirai plus, le moindre instinct, le moins lettré, le plus infortuné des membres de la société, peut en fournir les preuves maintenant, en disant à ses gouvernants : Vous avez fait de moi un souverain, vous m'avez fait connaître mon droit comme homme et citoyen; je n'ai pas forfait ni démérité ce droit, qui est le vôtre; mais, pour exister, je suis forcé, comme habitant de ville, de professer des fonctions pénibles, immondes; je le fais pourtant sans me plaindre ni implorer le secours du riche; seulement, que je manque de travaux, fait de vos incessantes insurrections du droit du plus fort, je suis obligé, si je ne veux mendier, de chercher ma nourriture comme un chien dans les tas d'ordures; je m'écrie alors : Est-ce pour en procurer aux miens qu'ils s'entr'égorgent? Suis-je dépendant d'une société civilisée d'après un principe? Alors il se consulte, prend conscience de ces faits et me dit : Suis-je donc un paria? Obsédé par tant de misères, je n'ai ni volé ni versé le sang de mes concitoyens, en me mêlant à leurs révolutions ou insurrections; je n'ai fait que parler, crier, et je vois que je ne suis ni un Spartacus, ni un esclave, ni un animal, ni un citoyen; je ne suis rien, et pourtant je dis : J'appartiens à ce genre de société, à sa civilisation, qui ne s'abaisse pas jusqu'à s'occuper de moi; alors, comme le docteur Pancrasse, je dois me trouver très-heureux qu'ils ne rendent pas légitime le droit de m'abattre comme un chien errant. Je reste donc convaincu qu'il n'en serait pas ainsi, si j'étais sous la dépendance d'un principe de responsabilité sociale mutuelle. Alors seulement je suis convaincu que le gouvernement, que la société n'est pas mue par un principe, puisque je ne suis pas même électeur; je suis convaincu que la prise de possession est le droit du plus fort ou du plus rusé, que le sol où j'ai pris naissance est sa propriété. Dépourvu de toutes ressources et de droit légal, je n'ai plus que le choix des extrêmes, d'être appelé un révolutionnaire contre leurs systèmes de légalité, de légitimité, de prise de possession, si je réclame mon droit, ou d'être un voleur, un assassin, ou de me suicider pour ne pas mourir de faim, et, selon leur morale, c'est encore un crime. A vous, gouvernementaux, de répondre; à vous, possesseurs de puissances législatives, à vous, majorité, de comprendre, pour que votre majorité soit enfin légitime, puisqu'elle est un principe, une puissance physique et morale, qu'elle est un frein envers les systèmes corrupteurs et corrompus de vos prédécesseurs : il faut que vous soyez sous la dépendance d'un principe et non de systèmes, où toutes les parties constituantes, bien qu'ayant le droit d'en faire partie, en sont privées par vos lois d'exception. Qu'est-ce autre chose en principes sociaux, ou physiques, ou moraux, ou spiritualistes, sinon de perpétuer le droit révolutionnaire à votre égard, droit qui, malgré vous, surgira de débats en débats littéraires et oraux, et détruira entièrement la société, si vous lui faites toujours résistance, au lieu de former un gouvernement populaire de civilisés? Où doivent tendre vos études, sinon à connaître les deux puissances d'action que vous possédez, comme à ne pas vous méprendre sur la valeur de chacune d'elles? L'une est la puissance matérielle des nécessités socialisatrices, organisatrices, auxquelles vous faites résistance, et l'autre la puissance des idéalités arrivées à leur dernier degré de puissance prestigieuse, destructive : c'est l'homme libre de les faire valoir, c'est une fraction d'instinct de l'animal humain libre, fondant tous ses droits sur celui d'être le plus fort ou le plus rusé; c'est ce dont vos consciences consultées sur les réalités de ces faits vous instruisent chaque jours, ce que vos instincts de conservation font mouvoir chaque jour en sens opposés, à leur conservation durable. Hommes du jour, voilà des réalités; pourquoi donc alors, étant possesseurs de la seule puissance gouvernementale qui soit encore incorrompue par vous, et soit restée sublime envers sa discipline comme puissance toute passive à vos commandements; restez-vous des politiques, des jongleurs, des paillasses, des Cassandres, étant en plus possesseurs d'une majorité souveraine dont vous relevez vos droits gouvernementaux? Soyez donc plus forts encore en assujettissant vos systèmes à des principes, pour pouvoir l'emporter en puissance physique sur tous les faits matériels, insurrectionnels des minorités. Pouvez-vous soutenir encore que vous combattez d'autres démagogies, d'autres doctrines, d'autres démocraties, d'autres minorités destructives, d'autres multitudes que les vôtres? Que seriez-vous, si on faisait appel aux instincts généreux, aux nécessités réelles, aux développements des perfectibilités humaines, toujours progressant, quoique sous la pression des passions de l'homme libre? Alors, hommes divinisés, trônés, vous ne pourriez plus être que les rois, les souverains de vous-mêmes, mais non une fraction de souveraineté ne relevant son titre et son droit que d'elle-même, sans que tous les ayantsdroits ne vous y autorisent. Êtes-vous des humains ou des animaux qui veulent ne fonder leur droit que sur celui de leur deuxième nécessité, ayant conscience de leurs responsabilités terrestre et éternelle? Est-ce donc si impraticable sous un gouvernement républicain? Le tout est donc d'être le plus fort physiquement, tout d'abord, et vous l'êtes, pour ne pas rester sous la dépendance des passions de vos personnalités comme hommes ou fraction d'hommes gouvernementants, mais bien sous celle d'une seule chambre, sous celle de la majorité comme constituante, puisqu'elle relève son droit du suffrage universel comme principe. Alors c'est un droit imprescriptible; alors, dis-je, cette constitution une fois promulguée, il faut attendre avec soumission l'époque fixée pour la réviser. En tout état de cause, il faut punir comme crime de lèse-nation tout attentat suivi d'exécution envers son principe, et non la presse qui l'élabore, qui le mûrit. Dans ce cas, c'est à la chambre, devenue réellement représentative des essentialités administratives, d'avoir seule le droit de connaître les nécessités organisatrices, d'être seule délibérante pour constituer les lois organiques contenues dans la constitution; c'est à la majorité de ses membres de les rendre physiques, de les faire appliquer au nom du peuple, comme de punir toute résistance et plus encore celles qui se font en son nom. Qui peut ignorer alors que, quelles que soient les fractions insurrectionnelles que cette constitution ou l'application de ces lois organiques pourront faire ou feront surgir, elles ne soient vaincues? Rien n'est plus lâche que les voleurs. Quels ne seraient pas cette puissance à leur égard et le châtiment dont ces agresseurs se seraient rendus justiciables, puisque ce serait un crime de lèse-nation et de lèse-gouvernement populaire! Quelles puissances étrangères oseraient attaquer et pourraient vaincre un pareil gouvernement, une telle société, et ne tenteraient plutôt de l'imiter pour en devenir une sincère alliée? Hommes du foyer d'où jaillissent les lumières qui doivent éclairer les réalités socialisatrices, quelle est l'essence qui l'alimente? Est-ce celle divine et morale qui doit éclairer le peuple, ou celle de vos stridentes doctrines de chaque jour dont ils n'entendent que le son, dont ils ne peuvent juger et connaître les réalités funèbres, puisque maintenant c'est l'heure de l'agonie de la société, que vous-mêmes dites être l'œuvre de la régénération vitale du corps social? Le tout gît donc dans le point de départ. Que faut-il, dans toute science, sinon d'être exact? Qu'est-ce qu'un gouvernement? Est-ce un produit, un composé fictif ou matériel? Son animation est-elle une réalité ou une idéalité? Est-ce un principe, un système, un mécanisme imperfectible? Il est tout ou il n'est rien : il est tout, si toutes ses parties constituantes fournissent leur quote part d'action gouvernementale, et sont des dépendances de principes. Alors elles pourront agir de l'une sur l'autre, comme toutes les fonctions qui s'opèrent entre les astres et comme celles de leurs satellites à l'égard de chacune d'elles, sans pouvoir s'entre-choquer, s'entre-détruire : la fonction des humains, dans chacune de leurs sociétés, sur leur globe terrestre, est de ne pas détruire l'astre qui est leur gouvernement. Que veut dire ceci, sinon que chaque membre est un satellite appartenant à cet astre gouvernemental? sinon que ses fonctions sociales sont des découvertes de sciences exactes et non idéales, des principes qu'alimente le Créateur dans ses divines fonctions d'ensemble? Croyez-vous toujours pouvoir le braver, misère humaine? Le principe gouvernemental est tout, quand ses fonctions relèvent leurs droits d'animation de sciences exactes et non idéales. Puisque, chaque jour, le soleil les éclaire pour vous en convaincre, quelles plus sublimes preuves de soumission à ses lois sacrées? Qui ne sait qu'un principe de la nature n'a pas sa dépendance? Qu'est-ce que des particularités, quant à son ensemble? Ce n'est plus qu'une chose, un fait isolé, soit comme société, soit comme individu, soit comme chose. C'est un fragment, une dépendance de principe, un corps simple, élémentaire, destiné à constituer soit seul, soit réuni à d'autres corps analogues, qui concourent partiellement ou d'ensemble à former une base, un principe d'animation élémentaire de corps humains. Tel est le tout ou rien comme gouvernement. Pauvres prestidigitateurs, rebelles à ces lois, à ces principes, après vous être entre-détrônés, séparés comme corps simples, comme individus. Après avoir tant de fois détruit et recomposé votre gouvernement, comme aussi sa puissance d'action; après avoir détrôné leurs prestiges, leur puissance, de qui donc espérez-vous à l'avenir relever cette puissance d'action gouvernementale, essentielle, pour devenir puissance d'action gouvernementale, sinon du peuple? Attendrez-vous que cette nécessité de socialisation vous tue, et que les fragments survivant à ce dernier cataclysme tombent à l'état de ce pauvre homme auquel naguère vous refusiez le droit d'appartenir à votre genre de forme sociale civilisatrice et deviennent des chiens ou des parias?

Telles sont mes prédictions sur votre prochain avenir : ou vous serez sous la dépendance d'un gouvernement populaire dans toute l'acception de sa valeur et puissance toujours progressive comme principe d'organisation et de civilisation. Appelez cela de la démagogie, de la démocratie, du socialisme; appelez vos droits divins, monarchiques et religieux, des principes légitimes, parce qu'ils sont vous; cramponnez-vous après leurs fétiches comme chefs, apôtres ou sectaires; vous ne pourrez empêcher ces développements, pas plus que les châtiments proportionnels terrestres et éternels. Le génie des perfectibilités humaines, arrivé à la puissance socialisatrice, aura le droit de les accorder à vos mérites personnels et non héréditaires. Tout est là.

CHAPITRE XV.

Qu'est-ce qu'une majorité, qu'est-ce qu'une minorité issue d'un suffrage universel dans toute la valeur de son titre, et comment la minorité peut-elle devenir majorité pour former l'équilibre social.

Attention! je vous en prie, cher lecteurs et équilibristes en systèmes gouvernementaux; je vais tendre la corde ascensionnelle où les uns et les autres vous pourrez vous expérimenter; à moi, souvenirs des célébrités, équilibristes, saltimbanques, parodistes populaires dont j'admirais les uns pour leur hardiesse, riant jusqu'à pamoison des jets spirituels et contorsions burlesques des autres: qu'êtes-vous devenus? Néant, et vos admirateurs sont devenus des politiques, des démocrates, des socialistes, des soi-disant civilisés, des hommes de doctrine pris au sérieux par les miens comme des équilibristes gouvernementaux, des capacités parlementaires, des orateurs clubistes, enfin une école pratique nouvelle pour le peuple badaud, s'appelant la jeune France littéraire parlementaire. Qu'ai-je perdu, qu'ont-ils gagné à ces transformations? Telle est la question que je m'adresse à moi, pauvre badaud de l'ancienne école. Je répondrai ce qui est, que j'ai tout perdu, sinon le souvenir de ce que j'ai de mes yeux vu, et de mes oreilles entendu. Que sont devenues ces joies, ces ivresses populaires? Des politiques de pratique émeutiers, des sectaires, des capacités parlementaires, des carbonari, des bravi, des républicains sans aucune notion du républicanisme, des révolutionnaires mal dirigés, des communistes ne pouvant pas pratiquer leurs inapplicables doctrines, et, enfin, des socialistes instruits au pillage, à la dévastation de tout ce qui fait résistance à leurs convoitises. Voilà pourquoi j'ai tant perdu sans compensation comme homme du peuple, vu qu'il me fut impossible de devenir le partisan, le sectaire d'aucune de ces nouvelles doctrines, ni d'aucune de ces célébrités, et forcé, malgré cela, de rester au milieu d'eux, peuple comme eux, à peine sachant lire, encore moins écrire mon français; homme du peuple soit, mais non l'admirateur, le corbeau de ce nouveau genre d'équilibristes et de paillasses politiques. J'ai perdu en ce que je devins un rêveur, un penseur, et que je m'attachai à prendre conscience de leur polémique journalière, comme aussi de leurs projets insensés, que je combattais inutilement, ne pouvant alors m'en prendre aux auteurs de toutes ces infâmes pratiques. Les résultats pour moi furent donc que, malgré moi, je devins un homme à projets socialistes, que chaque jour ces innombrables doctrines et leurs machiavéliques développements et transformations en faits matériels instruisaient. J'acquis la certitude que rien ne meurt sans laisser son axe de régénération, d'agglomération; voire même en équilibristes, en paillasses; je vis décroître, mourir ceux qui me faisaient tant rire, et je les vis renaître à mon grand désappointement, non comme des Pasquins de divertissements populaires, mais bien comme des Minotaures, mais bien comme des vampires hommes de quelques jours, se jetant sur tout pour s'emparer de tout, appauvrissant le sang, les facultés, les instincts généreux de la race humaine, monstres humains dont le poison subtil s'infiltre dans les sens intellectuels, leur apprend ce que c'est que jouir de la liberté sans limites en fonctions matérielles. Mais, hélas! ce n'est que lorsqu'ils arrivent prématurément perclus de misères, de corruptions, au moment d'appartenir aux responsabilités de leur éternité. Telle eût été ma fin misérable de corps et d'esprit, si j'étais devenu l'admirateur de ces nouveaux équilibristes et paillasses politiques, ou le sectaire de toutes ces monstrueuses doctrines de la littérature contemporaine en socialisme. Ils ont pu me ravir mes joies populaires, faire d'une très-grande partie des miens des rabougris à figures sinistres, révolutionnaires, féroces en paroles, socialistes quand même, mais ils n'ont pu corrompre mon jugement sur leurs faits et leurs résultats. Voilà ce qu'ils m'ont fait perdre, et ce que cette nouvelle école d'érudits a fait gagner à la classe ouvrière des villes, de laquelle j'ai toujours fait partie, abandonnant l'historique physique des équilibristes, des saltimbanques et parodistes des joies populaires, qu'ont couverts du voile de l'oubli les Spartacus populaires, pour faire des leurs une nation de 35,000,000 de souverains en 93, rendus à leur état normal de toute éternité en 1804 par un des leurs, redevenus conspirateurs au prorata de de ces insuccès, pour, en fin de non-réussite, redevenir peuple du droit héréditaire divin, époque où les érudits les capacités parlementaires commencèrent à faire leurs premières ascensions, leurs parades et concurrences politiques machiavéliques, ce qui les fit retomber malgré eux en république pour être encore tous souverains, tous égaux, sinon par le fond, du moins par le fait, puisqu'il le fallut. Quoi de plus fatal que ce mot d'égalité pour les célébrités de la nouvelle école, bien qu'ils se gardent de l'avouer, vu que liberté, égalité, sont des excès d'agglomérations populaires! Quelle chute pour eux! Comment se débarrasser, se relever de cette tourbière, dans laquelle ils pataugeaient et à chaque pas craignaient de disparaître entièrement? Pauvres grenouilles demanderesses de tout ce qui les maintient à flot, qui les dégagea de leur bourbier pour reconstruire leur échafaudage, pour refaire leurs parades, pour retendre leurs cordes ascensionnelles gouvernementales, où célébrités et bestialités ont pu reprendre leur tour pour gravir les degrés? Toujours le peuple. Tels furent, tels sont, quant au fond, les faits socialisateurs, organisateurs de la nouvelle école gouvernementale redevenue ce qu'ils appellent des principes civilisateurs. Faut-il, après tant d'exemples, tant de résultats de leurs faits, être un érudit, un savant en sciences exactes, pour comprendre que ce n'est autre chose que le fait des corps simples élémentaires s'exerçant de l'un sur l'autre avec ou sans conscience de leurs principes d'agglomérations et de leur état de séparation, au lieu de former un principe d'existence sociale. Est-ce que leurs ascensions, leurs chutes gouvernementales, sont restées des mystères impénétrables pour le moindre lettré contemporain? Quoi de changé dans la nature du composé organique humain, sinon le plus ou moins de liberté de possibilité, de développement de ses facultés, le plus ou moins d'exemples et de liberté de les imiter? Quant aux membres de la nation française, c'est chez eux qu'elles ont pu le plus se développer d'ensemble pour leurs destructions, vu qu'ils manquent d'axes d'agglomérations et qu'ils ne fonctionnent plus que comme des trombes élémentaires, sans prendre conscience, malgré cela, de la puissance de chacune d'elles. Voilà pourquoi j'ai voulu instruire de ce que c'est que majorité et minorité agissant élémentairement.

CHAPITRE XVI.

D'une majorité élémentaire.

Ayant sous les yeux la preuve irrécusable que la révolution de 1848 fut un effet d'insuccès dû à l'inconnu, à l'imprévu, par les équilibristes en législation comme aussi de la part de leurs matériaux d'actions, banqueteurs, crieurs de réformes, peut-on disconvenir que ce ne fut pas un effet élémentaire de faculté humaine sans conscience de ses résultats, puisque la masse agissante en était ignorante? Ce fut donc bien une trombe composée de parties élémentaires de facultés humaines, parcourant le sol, renversant tout ce qui lui faisait résistance et s'affaissant, dessus bien que ces parties élémentaires, comme celles qu'elles avaient renversées, ne le fussent que ventre à terre. Elles se relevèrent; le principe vital de chacune d'elles ne fut que plus ou moins attaqué, très-peu en furent détruites. Elles se réemparèrent donc des générateurs de la vitalité de leurs nouvelles positions, ils reformèrent une puissance d'ensemble instinctive de conservation qu'ils appelèrent gouvernement républicain; une assemblée législative appelée à réunir toutes les parties élémentaires éparses fut constituée pour former un ensemble unitaire, régénérateur de chacune d'elles. Alors furent nommés les représentants de toutes choses. Tel fut bien le connu remplaçant les effets de l'inconnu, de l'imprévu. Que pouvait représenter cet ensemble, et de quoi pouvait-il être composé, sinon d'équilibristes amalgamés avec leurs matériaux? Ils purent donc plus facilement se séparer que dans leurs tourbières. La plus nombreuse de ces parties s'appela la majorité, et le reste la minorité. Tel fut donc bien le point de départ de la nouvelle puissance gouvernementale; la majorité fut appelée à équivaloir le veto de l'homme absolu, du roi divin, ou *si veut le roi, si veut la loi,* ou *si veut la majorité, si veut la loi,* ayant l'un comme l'autre des freins à opposer à la résistance, toutes choses égales d'ailleurs. En fait de responsabilité ou de résistance en fonctions matérielles, il faut une puissance égale, sinon supérieure, à cette puissance, Il en est de même en fonctions intellectuelles, en morale. Tels furent donc les réels points de départ d'actualité de majorité pour fonder le droit légitime envers et contre toute résistance à son application envers toutes ces parties constituantes; mais il n'en fut pas ainsi. Dans cet amalgame représentatif, bien que les effets élémentaires de destruction ne fussent plus que des faits exceptionnels, quant à l'ensemble de la société; bien que le droit gouvernemental ne dût plus être que le fait de discussions littéraires et orales, la centralisation révolutionnaire resta dans toute sa puissance réactionnaire et révolutionnaire dans sa représentation législative. Les capacités parlementaires recommencèrent tout comme précédemment, sans s'occuper des habitants du bourbier d'où ils sortaient, ils redevinrent les plus forts. Tout est là pour ces hommes d'un jour : peu leur importe l'avenir réservé à leurs enfants, peu leur importent ces trombes élémentaires dont ils ne veulent pas prendre conscience dans leurs développements dévastateurs, toujours progressant! Dans une société d'hommes libres, ils appellent cela l'inconnu, l'imprévoyable, des effets surhumains, et ce sont eux qui les font naître, progresser, pour les anéantir à un jour que chacun d'eux voit poindre, sans s'en rendre raison. A vous, érudits, de faire l'historique, le panégyrique de tant de hauts faits; à vous, capacités parlementaires, de faire de longs discours, de déployer votre science orale, parlementaire, grammaticale. Faites tout comme par le passé pour vous entre-tromper, pour fanatiser les sectaires de votre nouvelle école; vos prestiges sont, comme vous, usés ou vermoulus; vous n'êtes plus que deux principes arrivés à ne plus fonctionner qu'élémentairement, qu'instinctivement d'ensemble; ce sont les principes destructeurs et conservateurs qui s'entre-combattent élémentairement; ce sont des membres de société rebelles aux lois de la nature et du composé organique humain, auxquels le Créateur donna conscience des réalités comme aussi des responsabilités terrestres et éternelles.

CHAPITRE XVII.

De la constitution de la majorité et minorité représentative en France en 1850.

Majorité et minorité, quant à présent, peuvent se résumer ainsi : l'une vaut l'autre et pas mieux comme socialisateurs, et cela en ce que, bien qu'appelées à constituer son équation d'animation, ou, si l'on veut, l'équilibre entre les rapports des membres de la société, ni l'une ni l'autre n'employent les moyens légaux, et veulent rendre ceux illégaux praticables, et ne les pratiquent que par le droit du plus fort comme précédemment ; ce qui donne droit au plus faible d'employer tous les moyens pour les renverser et devenir à leur tour les plus forts; fait constaté depuis la naissance des sociétés d'Europe, par la France en particulier, comme la seule nation qui, en ce genre de socialisation, ait subi le plus de variantes compositions de systèmes sociaux, et soit arrivée à douter d'un avenir d'existence possible pour ses membres, tout en restant sous la domination d'eux-mêmes. Voilà ce que nul des membres n'ignore, sinon les nombreuses fractions de fanatiques sectaires qu'on produités, les érudits par leurs fausses doctrines comme principe du droit monarchique et religieux, transformés maintenant en capacités parlementaires, en littérateurs se trônant pour sauver la patrie en péril.

Tartufes de tous les siècles, est-ce dommage de vous démasquer à votre tour? Vils envahisseurs du domaine gouvernemental, et non d'une place au Parnasse, qui est la seule montagne que vous devriez chercher à gravir, dans quel bourbier vous êtes-vous enfoncés? Poétisez donc maintenant vos brillants succès littéraires et oraux; vos immortelles résidences ayant abandonné les sublimes idéalités qui alimentent les sens intellectuels pour n'obtenir que celles qui alimentent la matière! Puisqu'il en est ainsi, soyez donc au moins de savants matérialistes, puisque c'est une science exacte dont toutes les parties peuvent s'analyser; soyez donc conséquents avec le principe gouvernemental, qui ne peut plus être que tout matériel! Est-ce qu'on a besoin de vos idéalités si fantastiques, si merveilleuses, qu'elles puissent être en systèmes gouvernementaux, sinon quand les premières nécessités de croissance et de maturité des organes matériels possèdent leurs générateurs essentiels, c'est-à-dire ce qui n'est autre chose qu'une proportion à établir entre l'animal pouvant devenir un humain et l'animal ne le pouvant pas? Misères humaines, le Créateur vous a-t-il accordé de tels organes, n'avez-vous obtenu la liberté de les développer que pour leur être contraires, que pour démontrer toutes les possibilités féroces, criminelles, dont vous êtes capables envers les vôtres étant libres, et joindre à ces crimes celui d'en accuser votre Créateur, en disant que c'est par ses ordres que vous les commettez, que telles sont vos convictions? Tartufes, vous vous faites horreur à vous-mêmes dans l'insuccès ou sur le lit de mort, sans rien perdre pour cela du juste châtiment éternel réservé à vos forfaits!

Voilà ce que la conscience acquise de vos faits produit comme résumé matériel, quand on les analyse. Tel est donc le genre d'homogénéité morale des membres de la société, et ce que représentent la majorité et la minorité actuelles. Abandonnant ces analyses matérielles de l'individu libre, rentrant dans leurs conséquences entraînantes d'avenir comme majorité et minorité, faisant l'analyse de leurs puissances, je dirai que, comme droit du plus fort, c'est et ce sera toujours la majorité; autrement, inertie d'action d'ensemble et de générateurs d'animation d'ensemble. Mais qui dit générateur, principe de vitalité, ne dit pas destructeur, ce qui est pourtant irrécusable quant à présent, vu que ces deux puissances d'action vitale n'ont recours qu'au principe destructeur de l'une par l'autre, et que, si elles existent encore l'une et l'autre, ce n'est que grâce au moi instinctif de conservation personnelle qui les maintient, en agissant élémentairement comme puissance d'ensemble. Alors les membres de la société ne forment plus qu'une majorité et une minorité élémentaires, ou, si l'on veut, deux puissances de facultés humaines, manquant d'intelligence organisatrice et sans conscience du frein applicable à leurs développements destructeurs. C'est un ensemble de même espèce d'animaux séparés en deux fractions dans la situation de deux bêtes féroces privées des aliments générateurs particuliers à leurs organes, ayant le même instinct, les mêmes désirs de possession de leurs convoitises quand même, toujours prêtes à se dévorer ou à détruire ce qui leur offre résistance. Ce sont des lions et des hyènes séparés par une grille qui les empêche de s'approcher, mais qui laisse voir les contorsions, les bonds qu'ils font pour se jeter l'un sur l'autre. La société ne doit donc son salut qu'à cette séparation toute matérielle, ou, si l'on veut, à ce moi individuel conservateur à l'état instinctif. Est-ce là un frein égalitaire tenable à l'égard de développements toujours progressifs de facultés organiques humaines, toujours en rapport entre elles? Comment ne pas comprendre que la grille de fer qui les sépare n'est pas inerte, et par ce fait n'est pas progressive, ou croire que les facultés de l'individu ou d'un ensemble d'individus humains peuvent rester à l'état d'inertie, possédant les exemples, les générateurs de leurs développements, ne finiront pas par être assez forts pour la rompre, ou ne pourront l'empêcher d'être rompue? Qu'est-ce autre chose, sinon, comme résultat, un cataclysme social? Pauvres Don Quichottes qui bravez ces lions humains, croyez-vous qu'ils briseront la grille pour vous regarder avec dédain, comme le firent les lions que ce fou défia en leur ouvrant la leur? Alors il faudra vous entre-dévorer. Bondissez dans vos cages toutes chamarrées d'or, ou dans vos cloaques infects en lisant ces citations, vous ne changerez rien à leurs réalités. Tant pis pour vous, si elles vous irritent, ou pour ma vieille carcasse, si vous vous jetez dessus! En tout état de cause, ce n'est pas bravade de ma part. Je m'en occupe peu. Je suis forcé d'être conséquent avec les parties matérielles que j'emploie, que j'analyse, pour que mes résumés soient exacts en ce temps-ci comme en tout temps. Qui de vous n'est pas consciencieusement convaincu que ces moyens civilisateurs en sont arrivés à ce que l'individu, ou une fraction d'individus, n'est plus assez puissante pour maintenir la séparation matérielle de cette grille inerte, puisqu'elle n'a pas progressé en puissance de résistance en raison des efforts progressifs qu'elle avait à supporter, et cela bien que brisée tant de fois et ressoudée par les mêmes mauvais ouvriers qui la maintiennent encore, toute mal ressoudée qu'elle est? Faut-il croire maintenant que cette fraction d'individus, remplissant les mêmes fonctions que l'individu roi, pourra mieux résister que les rois déchus aux développements élémentaires ou ne sera pas détruite par les envahisseurs, s'emparant de tout aux dépens de tout, constituant leur puissance par les mêmes procédés que ces ci-devant? Qu'est-ce que la majorité maintenant, sinon un roi composé d'autant de corps simples qu'il comporte de membres qui en font partie? Qu'est-ce que la minorité, sinon son peuple? Par qui furent renversées les royautés, sinon par les explosions populaires devenues majorité, ne représentant ensuite qu'une royauté? Par qui peut-elle être renversée, sinon par une autre explosion populaire, et cela quand même on supposerait que cette fraction, devenue majorité, fût homogène et pût par ce fait être une puissance de résistance, comme le fut celle de l'individu roi? Est-ce qu'en ces temps-là ces matériaux savaient lire, ou, le sachant, pouvaient lire ce qu'on empêchait d'imprimer? Est-ce que chaque siècle, chaque révolution, chaque dissension intestine de droit de succession au trône, ou de doctrines et droits de convictions religieuses ou droits canoniques de l'Église et schismes de tous genres, n'ont pas développé les facultés des organes des membres faisant ou voulant faire partie de ces mystérieuses combinaisons gouvernementales? Est-ce que tant d'exemples, de résultats, n'amenèrent pas le peuple à être partie intéressée, active, constituante, gouvernementale? Est-ce que 93 est de l'inconnu ou peut passer inaperçu? Est-ce que les subséquentes variétés de nouvelles formes gouvernementales n'ont pas fait progresser, développer dans le peuple la conscience de ses droits en un demi-siècle plus qu'ils ne le purent en cinq siècles? Est-ce que je me trompe en disant qu'ils agissent maintenant vaporeusement, élémentairement, explosivement, puisque toutes ces citations sont du connu et non de l'inconnu? Pourquoi donc, hommes trop connus pour pouvoir faire de cette puissance idéale une séparation entre les vôtres, pour les empêcher de vous envahir, comme vous l'avez fait envers d'autres, vous refusez-vous toujours à employer les moyens légaux, ce qui est tout simplement vous rendre tous solidairement responsables, pour avoir droit de frapper de mort avec droit divin légal le membre qui enfreindrait la constitution et les lois organiques issues d'une majorité que l'universalité des membres de la société aurait honorée de ce droit? Il y aura moins à perdre pour vous. Redoutez l'inconnu en puissance populaire, c'est un élément sans conscience de son fait dévastateur. Le tout est donc de savoir en faire usage, sans qu'il tue celui qui veut s'en servir. A vous, roués politiques, de devenir assez capables pour cela, sinon pour vous, du moins pour les vôtres.

CHAPITRE XVIII.

Des moyens légaux pour de minorité devenir majorité.

Il n'est pas dans l'ordre de la nature qu'un soit à un plus qu'un, vu dans la balance de l'univers, qui en pèse le nombre, la valeur comparative, et produit entre tous l'oscillation ou va-et-vient, qui est la vie, ou tout ce qui constitue l'animation physique de l'univers. Cela est connu. Pourquoi donc le globe terrestre et les régénérateurs de ce globe, qui ne sont autres que les humains au physique, pourraient-ils en devenir les destructeurs, au lieu d'être forcés d'en être les générateurs, malgré leurs égorgements partiels? Ne serait-ce pas accorder aux facultés humaines le pouvoir de devenir des Josués réels et non au figuré, bien que, sous la forme de convictions morales et immorales, ces facultés puissent plus encore, puisqu'elles font parler le Créateur ou le défient; que, malgré toutes ces idéales turpitudes, il n'y ait rien de changé à l'ordre physique du principe d'animation du système de l'univers, et qu'il en soit de même sur le globe à l'égard de ses habitants, forcés à connaître leur valeur mystique comme humains et leur responsabilité terrestre et éternelle? Qu'est ce que tous ces fétiches et sorciers quant aux populations d'Europe, et pour la France par-dessus tout? Qu'est-ce que ces titres à l'état fictif de liberté, d'égalité, de fraternité, de suffrage universel, de majorité, de minorité, sinon des principes toujours sous la dépendance d'agglomérations de membres sans titres légaux, qui veulent appliquer leur principe à la fraction qui a droit légal, divin, d'y participer, et qu'ils repoussent? Ces humains sans titre de membre de société civilisée ne cédèrent donc qu'à la force brutale ou artificieuse, et n'obtinrent que graduellement, par la force brutale, leur droit d'humains, et ils ne furent pas plutôt possesseurs de ce droit, qu'en devenant plus libres ils repoussèrent ceux des leurs qui n'avaient pu l'obtenir. Depuis l'origine de ces sociétés, quelle n'est pas l'effronterie d'un lettré et plus encore d'un érudit de dire ou d'écrire que le suffrage universel n'est pas au physique un principe d'existence sociale, n'est pas le balancier d'équation, d'équilibre de société et de révolutionnaires? Qu'est-ce que leurs destructions partielles? Ce ne sont que des faits rétroactifs, des particularités de responsabilité de l'individu humain envers son Créateur, envers la société, envers lui-même, dans son existence terrestre et éternelle, quand au contraire leurs socialisations, leurs agglomérations, leurs régénérations, sont un fait d'ensemble toujours ascensionnel pour les humains. Douter encore, vouloir toujours entraver, lutter contre la marche de ce principe, n'est-ce pas vouloir être des Josués? Tel est en réalité l'état misérable des corps, âmes et facultés. C'est ce que les membres de la société reconnaîtront comme moi, s'ils en font l'analyse. Ils continueront de dire : Peu importent les responsabilités de leurs âmes! il faut faire valoir les développements des facultés pour la satisfaction des sens matériels. Société de matérialistes quant au fond, quant au fait, soyez-le donc en théorie sociale, puisque nul exemple n'existe que les membres d'une société fonctionnent entre eux plus matériellement, plus destructivement d'ensemble ou envers l'individu ou envers lui-même, que vous! C'est donc pénétré de ces réalités comme de la nécessité actuelle d'une régénération essentielle ou d'une destruction inévitable de la société, que je vais maintenant faire part de la puissance régénératrice que possède l'assemblée constituante comme des moyens en son pouvoir pour que la minorité devienne la majorité ou que la majorité reste majorité. Qu'est-ce que la majorité? Un fait physique d'action; les déçus dans le sens contraire forment la minorité. Ces déçus s'appellent donc la minorité. De ce fait autant de votants, autant de 50,000 voix acquises à ce fait ou de 50,000 voix de déçus. Vu d'ensemble, cela vaut bien la peine de réfléchir à l'importance de ces deux additions de voix, qui sont appelées, sous le rapport moral, à méditer sur la légalité ou l'illégalité de ce fait. Le tout ne gît donc que dans la valeur de ce fait. Le tout est de connaître les essentialités du fait à l'égard de l'un ou l'autre de ces ensembles. Alors, comme principe, ce fait est particulier à la majorité qui l'accepte, ou est contraire à la minorité qui le repousse; il est légal de la part des uns, ou illégal de la part des autres; il est et peut donc être moral ou immoral. Faut-il être un érudit, une capacité parlementaire, pour en connaître le fond comme preuve de la moralité ou immoralité de ce fait? Quoi de plus simple à résoudre? De deux choses l'une : ou ce fait est relatif à l'universalité des membres de la société, ou il l'est à l'égard d'une fraction. La solution est qu'il concerne l'universalité et qu'il ne soit relatif qu'à une fraction, ou si la partie qui a droit d'être frappée ou de jouir de ces avantages en est privée. Alors peut-il s'appeler un fait moral? Cela est bien simple. Il en est ainsi de tout ce qui est principe. Dans ce cas, quel que soit le brillant langage de l'individu pour le faire prévaloir, il est jugé : c'est un caméléon politique. Il peut changer lui-même, mais ne peut rien changer à ce qui est principe. Tout est là.

Ainsi donc majorité et minorité sont sans droits légaux, quel que soit le fait ayant priorité dans leurs assemblées, si les membres ne sont pas issus du suffrage universel à l'état de principe. Bien que ce soit comme point de départ légal, ni l'une ni l'autre ne montrent la moindre bonne volonté dans la pratique; ce sont deux puissances commanditées par les nécessités de l'individualisme, de la personnalité, où l'individu fait valoir autant qu'il peut ses facultés, employant tous les moyens. Réussir est tout, pourvu que leurs commandités les soutiennent, les maintiennent à leur tête, et n'agissent que pour écraser, renverser tout ce qui fait résistance à leurs criminels envahissements. Tel est le côté moral de leurs convictions, dont l'action est le côté physique, produisant pour conséquence des forts ou des faibles devenus tantôt des vainqueurs, tantôt des déçus plus ou moins capables, plus ou moins instruits, et comme fait d'ensemble, l'absence de tout système régénérateur de leur état de corruption. Au physique comme au moral, pauvres sept cent cinquante rois à l'état où ce pauvre roi Louis-Philippe et son entêté de premier ministre se trouvaient lors du développement de la trombe élémentaire du souffle de la réforme; hommes sans la moindre étude de cette puissance, bien qu'ayant été des axes d'agglomérations, et qui se crurent capables de résister aux réformistes, que devinrent-ils quand le tourbillon dévastateur commença? Deux corps simples rejetés par l'explosion sur un sol étranger. Qui ignore maintenant ce qui serait arrivé si ces deux hommes (peu importent leurs dires ou leurs écrits contraires), au lieu d'être si audacieusement téméraires, au lieu de rester cois en présence du danger, eussent déclaré le suffrage universel principe et base de gouvernement, au lieu de se refuser même d'en descendre le cens à 100 francs? Pauvre royauté populaire tant contestée, si elle eût été soumise à l'élection d'une chambre issue du suffrage, qui peut douter qu'elle n'eût pas été nommée, et si, une fois nommée, investie d'une puissance légale, elle n'eût pas pu vaincre tous les débordements, surtout en restant dans la légalité du droit, et si elle n'aurait pas vaincu toutes les corruptions que fit naître son faux point de départ politique, qui ne favorisait que les intérêts particuliers aux dépens des intérêts généraux? Elle supposait que ces minorités enrichies compenseraient, maintiendraient les insuccès, les misères sociales que produit l'émulation par la concurrence en toutes choses. Tels furent les résultats de points de départ faux de ces gouvernants. En résumé, le fait que je désigne était le seul dont il lui restait à faire usage; c'est la légalité de ce droit qui seule prévaudra bon gré, malgré les sept cent cinquante nouveaux rois et ministres. Qu'est-ce que le plus ou moins de rois ou de membres appartenant à ces rois ou le plus ou moins de sociétés quant aux fonctions des principes? Rois et roitelets, voilà les individus auxquels votre corps social appartient. Est-ce après avoir développé toutes les facultés génératrices possibles à l'esprit humain sur une des quatre parties du globe appelée l'Europe, que vous pouvez croire que vos possibilités destructives pourront le ramener à son état primitif ou à celui où en est encore la plus grande étendue des trois autres parties? Les habitants ne peuvent plus rien contre vous; il ne peut plus exister entre les sociétés d'Europe de guerres d'hommes-rois, mais il existe dans chacune d'elles des révolutions intestines qui finiront par décider du droit gouvernemental. Maintenant qu'ils s'appellent des civilisés, et que, pour obtenir ce résultat, leurs membres s'entre-détruisent dans leurs sociétés, cela n'a rien qui doive les surprendre. Il en sera ainsi tant que le principe gouvernemental ne sera pas un droit légal, tant que tout membre de la société possédant son droit civil d'humain n'en sera pas une partie constituante, et de ce fait, physiquement, moralement rendu responsable. Ainsi donc, quels que soient maintenant les genres de cataclysmes, cela les regarde. Que la nation française soit la première détruite par elle-même, c'est probable, si elle persévère, bien qu'elle soit la plus expérimentée en révolutions et en genres de révolutionnaires. Alors son dernier cataclysme échéant, ce sera un exemple terrible de plus qui préviendra les autres chefs et membres de sociétés de la puissance des développements populaires élémentaires mal dirigés. Qu'est-ce que le passé, l'homme et sa liberté illimitée? C'est l'homme créé libre du bien et du mal, et par ce fait créé responsable du mal. Qu'est-ce que le passé des exemples pour le présent? que prouvent-ils à notre état présent? Que chaque jour, chaque développement de faculté ravit à l'homme la liberté, la puissance de rester juge et partie dans ses fonctions comme gouvernant, pour, en fin de causes, de degré en degré, avoir droit légal d'en agir de même envers les gouvernés? Est-ce là l'inconnu dans l'avenir? Quant aux fonctions toujours ascensionnelles de ce principe, majorité et minorité rétrogrades, tels sont les développements d'ensemble de perfectibilité de facultéss humaines. A vous, individualistes, d'en supporter les châtiments terrestres, et, comme ayant conscience de leurs faite, celles de leurs resposabilités éternelles. Abandonnant toutes ces citations, rentrant dans les particularités qui les ont motivées, pour n'être plus que le narrateur du temps présent et de ce qu'il est possible d'espérer encore de l'avenir de la société, je répéterai que majorité et minorité sont sans valeur, sans puissance socialisatrice, n'agissant ni l'une ni l'autre par principe, mais bien par l'application de système tout esprit, moins celui du droit légal, pour qu'il ne soit pas indestructible par le même esprit devenant le plus fort révolutionnairement. Il faut donc prendre l'état présent tel quel de ces deux puissances en présence, et tout faire pour, sinon obtenir des résultats d'améliorations d'actualité, espérer du moins, ayant éclairé cette matière, qu'ils s'opéreront sans explosions révolutionnaires. Le tout est donc d'en appeler aux instincts généreux, aux nécessités régénératrices, organisatrices des ensembles, des intérêts généraux, sans porter la moindre attention sur ces récriminations de personnalités à personnalités. Paye-t-on vingt cinq francs par jour les représentants de ces nécessités pour qu'ils ne fassent que s'entre-vilipender ou ne s'entretenir que de leurs antisociales ou ignobles et plates doctrines, pour que les journaux à leur tour, en les commentant, en usent de même? Pauvres corbeaux politiques populaires, n'avez-vous appris à lire que pour leur abandonner vos proies intellectuelles, vous passionner de telles saletés pour les prôner ou vous entre-blasphémer, pour être les *bravi* de ces misérables doctrines? Est-ce que chacun d'eux ne vous a pas fourni les preuves de son débonnaire et politique patriotisme, quand vous les avez trônés? Abandonnez donc les premiers ces honteux entraînements, puisque vos développements intellectuels vous mettent à même de les juger dans leurs moindres dires dans quelques lignes de leurs littératures. Cela n'est pas difficile; il suffit de vouer au mépris tout orateur ou écrivain récriminateur envers l'individu, et non envers la proposition, envers le système. Qu'est-ce que l'individu? Rien qu'un humain dont le fait est tout. Ce fait est plus ou moins honorable, et ne peut l'être que s'il l'est matériellement. Peu importe qui l'encense, qui le prône, si le fait ne répond pas à ce qui le rend honorable? Qu'est-ce qu'un représentant, bien qu'honoré de cinquante mille suffrages, s'il ne produit que des doctrines tout exceptionnelles, étant appelé à représenter, à soutenir les nécessités, non de ses cinquante mille responsabilités, mais bien l'universalité des membres de la société? Tout est là pour le vouer au mépris et le rayer du droit honorable de suffrage. Voilà ce que tout membre sachant lire est amené à faire, à moins de prouver qu'il n'a pas conscience de ces citations, ce qui n'est possible que par l'absence de tout jugement ou par une capacité littéraire ou parlementaire dont les auteurs et leurs œuvres meurent ensemble ou possèdent quelques années d'immortalité. Les représentants tels quels sont donc tout pour régénérer cet état de confusion, de corruption, s'ils le veulent, puisqu'ils le peuvent, puisqu'ils résument en eux toute la puissance gouvernementale. A qui la faute? Il n'en est pas ainsi quant au fond, s'ils ne veulent pas, et leurs fonctions comme résultat le prouvent, partager l'honorable mission, ni croire à leur responsabilité, tout en retirant les bénéfices, les avantages. Cela les regarde. A cet égard, je vais faire parler au fictif la majorité et la minorité. Alors, dit la majorité, que la minorité se fusionne avec nous, alors trêve de discussions intempestives; nous agirons en commun. Mais à l'égard de qui? répond la minorité : dans l'intérêt de toutes les nécessités particulières à la possession de toutes nos convoitises; nous le voudrions bien si, comme vous, nous croyions que ce soit possible sans nous insurrectionner. Et de plus, nos électeurs, que diraient-ils? Puisque nous vous avons bien soumis à n'être que minorité, ne le sont-ils pas de ce fait? Cela est vrai; alors essayons, fusionnons-nous et partageons par moitié; c'est de toute justice. Tel fut le pacte d'organisation sociale de la majorité et de la minorité représentative républicaine de 1848, et les résultats que ces faiseurs de systèmes sociaux laissèrent sous la dépendance de l'individu ou des nécessités des développements de l'individualisme agissant élémentairement sous le titre de majorité de l'ordre, mais non du droit légal de par l'universalité des membres de la société. Cette nécessité est donc le fait d'actualité, est donc la puissance d'action, et la minorité celle qui la rend homogène, bien qu'elle soit composée d'innombrables éléments de dissolution. Comment la minorité obtint-elle ce résultat prodigieux? En menaçant chaque parti qui se détacherait de cet axe de le dévorer, et même en employant tous les moyens pour les dévorer tous en un jour. Puisque ce jour n'a pas éclairé et n'éclairera pas, je l'espère, ce dernier cataclysme, grâce à l'instinct conservateur, grâce aux développements des facultés d'un peuple lettré qui prend conscience des faits inhumains comme de la responsabilité de son éternité pour ce qui est crime, ce dont il ne peut plus être ignorant, il faut donc, comme penseur, comme littérateur, comme simple lettré, fournir sa quote part de lumière pour éclairer ces monstrueux débats parlementaires et littéraires de l'individualisme, pour enfin former un élément de résistance à ces envahissements destructeurs de toute société. Cette puissance ne peut donc se former que par la minorité d'actualité qui, en progressant sensiblement, deviendra majorité sans cataclysme. L'essentiel pour cela est qu'elle ne se regarde pas comme un lion apprivoisé ou à l'état féroce, ne pouvant dévorer ceux qui veulent la soumettre, parce qu'il l'enferment de manière à l'empêcher de s'en débarrasser sans se faire tuer. Il faudrait qu'elle suive à la lettre les conseils que je vais lui soumettre, ayant au préalable pris conscience de mes citations dans toute la portée de leur valeur. A cet égard, je dirai que je suppose l'ensemble délibérant sur les nécessités et lois organiques essentielles aux rapports qu'ont entre eux l'universalité des membres de la société, soit majorité, soit minorité. Je suppose maintenant faire le départ de chacune d'elles en prenant pour base un fait légal d'intérêt général ou illégal d'individualité présenté par un ministre. Alors se forment et se produisent les controverses orales et littéraires pour soutenir ou annuler cette proposition. N'est-ce pas là un motif pour être à même de juger par les discours, par les écrits et plus encore par les votes des doctrines systématiques antigouvernementales de chacune d'elles. Alors, quelle que soit la loi, la proposition, la demande, une fusion de vote est un *veto* comme résultat, ce qui, sans nul doute, divise l'ensemble en une majorité et une minorité. Dans ce cas, le fait obtenant la majorité est légal comme fait de majorité, sans que pour cela les fonctions du député le soient ni comme majorité ni comme minorité, puisque systématiquement l'une vote toujours et quand même pour, et l'autre contre quand même aussi, tout en faisant l'une et l'autre de brillants discours. La majorité, en ce cas, dis-je, a donc un triste avantage sur la minorité, si la demande est légale, d'une part comme nombre, d'autre part parce qu'elle obtient un fait équitable, honorable, que l'instinct du juste, du vrai, approuve, et ensuite parce qu'elle gagne comme fonction morale, quand au contraire la minorité n'a droit qu'au mépris de tous.

Ou ces citations manquent de preuves, ou elles ne font que croître et se multiplier; car, bien qu'il arrive quelquefois l'effet contraire, et que ce soit la minorité qui soutienne une cause juste qu'ils gagnent ou manquent, c'est le titre de majorité qui seulement en profite, vu que la minorité ne peut s'en prévaloir en aucun cas. Hommes systématiques comme majorité et minorité, puisque vous faites tout pour la conserver comme majorité, ou comme minorité pour la détruire, faites donc tout pour l'obtenir, la mériter et la rendre indestructible. Pouvez-vous ignorer que par vos fausses pratiques systématiques vous séparez les membres de la société en deux? Pouvez-vous ne pas être effrayés du nombre disproportionné qui existe entre ces deux fractions? Bien que la minorité soit moins nombreuse que la majorité à la chambre, en est-il de même de l'ensemble des membres de la société, soit comme prolétaires, soit comme aristocrates? Peu importent ces variétés de titres; ce qui importe, ce sont les misères et l'ignorance qui vont toujours progressant; il faut pourvoir aux nécessités du corps comme à celles de l'esprit d'une société se disant civilisée. Telle est la puissance que représente la minorité populaire. Ignorez-vous que cette puissance, à l'état de trombe élémentaire révolutionnaire, dévaste tout sur son passage? Peut-elle s'intelligenter d'elle-même, si vous ne le voulez pas entre vous-mêmes, rois de cette multitude? Comment voulez-vous qu'ils n'agissent pas en sens inverse de ce qui peut les régénérer, hommes coupables, responsables? Organisez-vous donc tout d'abord, puisque vos dissensions criminelles sont les seuls mobiles de destruction de la société. Soyez des systématiques, mais non quand même. Est-ce si impraticable? Que faut-il faire pour cela, quant à la minorité, pour devenir majorité? N'être que l'homme à fonctions de député, les faisant valoir comme représentant de trente-cinq millions d'êtres humains agglomérés en société, comme des fonctionnaires défendant, pactisant leurs rapports entre eux, organisant, fondant leurs droits de première et deuxième nécessité, établissant des pénalités physiques égalitaires à l'égard de tout membre se croyant libre et le plus fort ou voulant les enfreindre, reconnaissant comme le plus grand crime les actions et fonctions matérielles antisociales, contraires aux intérêts de tous. Cela n'est pas surhumain à obtenir; il n'est que juste en soi que, comme orateurs, prédicateurs et littérateurs, les gouvernants ne flattent ni n'excitent les passions, et en soient les modérateurs responsables, qu'ils forcent d'apprendre à lire, qu'ils intelligentent les fonctions de l'être humain pour qu'il puisse en prendre conscience et soit plus soumis à cette intelligence directrice; qu'ils attendent tout de la puissance de développement de la perfectibilité humaine (c'est un principe toujours ascensionnel parmi les humains); qu'ils ne parlent qu'à ce sentiment humain, qu'à ses instincts généreux; qu'ils frappent sans passion, physiquement, tous les crimes sociaux. Tels sont les principes, les systèmes à former comme humains, comme citoyens, et, de toute rigueur, comme députés, sans quoi ils seront jugés moralement criminels envers leur Créateur, traîtres devant les hommes, coupables envers la patrie. Il faut enfin faire de ces principes des axes d'agglomération comme les lois qui en émanent; mais alors il faut qu'ils soient moraux et physiques, il faut qu'il n'y ait pas de méprises, de fausses interprétations dans le but, dans la fonction, dans les systèmes des députés soumis à ce principe d'agglomération. Il faudrait, se constituant ainsi, attendre avec dignité tout du temps et du concours progressif des adhérents pour devenir puissance physique pouvant l'emporter sur les développements matériels de l'individualisme. Ces genres d'agglomérations à ces axes se forment vivement maintenant, vu que les nécessités organisatrices sont en face de la destruction entière; elles commandent impérieusement, puisque les instincts généreux sont plus nombreux que les instincts de la destruction. En les trompant, on se trompe soi-même. Est-ce que le nombre des lettrés maintenant ne forme pas plus des trois quarts des membres de la société? Qu'est-ce autre chose que des parties, des affinités d'adhérence active pour s'agglomérer à ces axes? S'ils ne sont maintenant d'ensemble qu'à l'état confus, trouble, manquant de ces axes, principes d'agglomération, à qui la faute, sinon aux tartufes à capacités parlementaires et littéraires? Je suppose donc que la minorité, vu l'état actuel, veuille prouver que son système est un principe, ou plutôt qu'une fraction de la minorité, le voulant, le compose et se soumette à ses articles constitutifs, sans s'occuper au préalable du nombre des membres qui voudront les imiter; alors, je suppose les articles de ce système, qui aurait pour titre : Union régénératrice, ainsi conçus :

Article 1er. Tout membre de l'assemblée législative sera libre de faire partie de l'Union régénératrice, en se conformant aux articles de sa constitution.

Art. 2. Nul de ces membres n'aura droit d'interpellation à l'égard de l'orateur à la tribune ou qui en descendra, pas plus qu'à l'égard des ministres.

Art. 3. Nul ne prendra part délibérative à une proposition ou à une demande que son conseil aura jugée impraticable ou déshonorante, sinon inconvenante, de débattre, comme prendre part au vote; on fera tout, dans le cas contraire, pour faire prévaloir cette loi, cette demande ou proposition, comme aussi on votera dans ce sens comme un seul homme.

Art. 4. Nul ne pourra, sous aucun prétexte, faire partie d'aucune société politique, sous quelque titre que ce puisse être, ni être en rapport direct ou indirect sous un rapport politique, sinon entre membres de l'Union; mais il pourra faire imprimer ses méditations à ce sujet, et cela sous sa responsabilité tout individuelle, n'ayant pas caractère pour faire imprimer ou écrire au nom d'aucun membre de l'Union.

Art. 5. Chaque membre aura droit de présenter tel système, telle demande, ou faire quelques propositions que ce puisse être, sans pour cela que les membres soient solidaires, ni physiquement tenus de les soutenir.

Tel est, en aperçu, au physique comme au moral, le caractère que représenterait l'Union régénératrice, seul et unique axe d'agglomération des instincts généreux essentiels pour satisfaire, pour régulariser la demande de nécessités organisatrices des membres de la nation française, et pour aussi de minorité devenir majorité avec le temps, sans pour cela que la minorité cesse d'être, puisque toutes deux sont immortelles, sans quoi pas de société.

CHAPITRE XIX.

Institution morale à l'égard des membres d'une société à l'état républicain.

Bien que sous un gouvernement républicain les lois soient toutes physiques et n'aient droit de frapper que sur les fonctions et actions matérielles contraires au principe vital du corps social, sur les développements particuliers contraires aux intérêts généraux, il ne suit pas de là que les fonctions et actions morales, les sentiments religieux soient sans valeur, sans protection physique à l'égard de ces sentiments; mais il ne faut pas non plus que peu importe le membre de la société ou ces diverses fractions individuelles de sectaires possèdent aucune puissance gouvernementale ni coercitive telle quelle, sans pour cela cesser d'être d'autre part entièrement libres sous le rapport intellectuel de la pensée, de la parole et de l'écrire; ces genres de combats, de débats comportent en eux leur modérateur, si les voies de faits matériels ne se mêlent pas à ces combats. Tout est là. Cette séparation physique et morale est donc bien essentielle à trancher gouvernementalement, physiquement, pour rester un principe de domination des développements des possibilités accordées aux facultés des organes humains, comme aussi à l'égard de l'individu tel quel qui fait partie de l'universalité de cette société. Ainsi donc, quant à ces fonctions physiques, le tout est de rendre le fait, l'action matérielle responsable, et non le dire, l'écrit, les convictions, les croyances religieuses qui appartiennent à la vie éternelle de l'individu; tel est l'état possible, forcé pour un gouvernement républicain, et les droits et responsabilités mutuels de ses membres à l'état d'hommes lettrés ou non.

CHAPITRE XX.

De l'éducation des membres de cette société.

Comme dans une société à l'état républicain, ses membres sont libres sous le rapport de leurs fonctions intellectuelles, et qu'ils ne le sont pas sous celui de pouvoir les transformer en fonctions et actions matérielles, sans que leurs corps individuels n'en soient responsables; alors des lois physiques doivent établir les genres proportionnels de freins de ces responsabilités. Ainsi donc, quels qu'en soient les titres, ils doivent avoir pour base, premièrement, un mode de responsabilité réciproque. Bien que peu instruit dans ce genre de pratique législative, manquant d'exemples, mais non d'innombrables méthodes et genres d'applications, comme de systèmes socialisateurs quant aux sociétés dites civilisées, il ne me reste donc qu'à suivre maille à maille le réseau vital d'une agglomération d'humains formant une société républicaine, ou un principe, puisque le titre n'y fait rien, et je dirai ceci : Le tout gît dans l'éducation et dans l'application des lois organiques à cet égard. Qu'est-ce que l'éducation d'un être humain ou d'un membre de société, sinon l'enseignement graduel d'âge en âge, des devoirs, des responsabilités sociales ou individuelles de ces différents âges et positions dans cette société, et cela, premièrement, envers son père, envers ses semblables, et envers les lois, lois qui prêtent main-forte à l'un ou à l'autre pour le contraindre, quel que soit son âge, sa possession ou position, à l'accomplissement de ses devoirs ou le punir dans la tutelle à laquelle il appartient, s'il n'a pas usé des pouvoirs coercitifs que la loi lui donne? Les humains en général, les membres d'une société en particulier, n'ont que deux genres de responsabilités, dont la première est celle envers les lois, et la deuxième celle de toutes leurs possessions et positions, celle des êtres qui leur sont subordonnés ou sont placés sous leur tutelle. Ce genre de responsabilité établi, l'homme appartient donc à une tutelle, ou est émancipé; alors il devient tuteur, sinon de quelques-uns des siens, ou de ce qui lui est échu ou donné, s'il ne possède rien de son propre, en tout état de cause, de ses productions et actions et de lui-même à partir de ce jour. Telle est l'instruction la plus essentielle à enseigner aux membres d'une société jusqu'au jour, et après son émancipation, l'adolescent ne quitte donc cette tutelle que pour retomber sous la dépendance de celle des lois, qui n'abandonnent son corps que dans la tombe. Cela empêche-t-il quelle que puisse être l'instruction secondaire ou religieuse qu'on veut lui donner ou qu'il veut suivre? Est-ce qu'un gouvernement républicain ou autre a droit sur quelles que puissent être les croyances religieuses de ses membres, mais bien de frapper l'apôtre ou sectaire qui s'en fait un droit coercitif envers un autre, ne pouvant l'un et l'autre n'être qu'oral, que maxime de morale?

CHAPITRE XXI.

Des principes moraux dans une société à l'état républicain.

Jusqu'alors les sociétés d'Europe ne furent gouvernées que par deux puissances, dont l'une fut la loi et l'autre la religion, ou le conseil ou l'action, jusqu'alors propriété de l'individu ou d'une fraction d'individus, formant deux genres d'axes d'agglomération d'humains n'en devant faire qu'un; l'un fut l'action physique, l'autre est la morale de cette fonction. Ainsi donc, quelle que soit l'action physique ou morale, elle fournit un résumé moral ou immoral d'action; cela n'est pas de l'inconnu; la base morale d'un gouvernement est donc que nulle de ces lois, de ces fonctions et actions ne soient prouvable être immorale. Cela n'est pas difficile; mais qui a pu jusqu'alors s'établir juge de la moralité ou immoralité de cette action, sinon l'esprit humain? Mais alors si cet esprit est mis en demeure de prouver et peut prouver et agir quand même, quel est le résumé comme jugement et l'application de la pénalité, si cette action est reconnue un crime antisocial ou envers l'individu? Si le coupable est le plus fort physiquement, s'il est juge et partie, alors néant de responsabilité, mais non de preuves morales. Ce ne fut donc que ces deux puissances, ces deux fractions d'individus qui jusqu'alors se mirent en demeure de se prouver la légitimité et la morale de leurs droits d'action; elles furent si morales, ils firent tant et si bien qu'ils furent non-seulement mis en demeure de le prouver aux développements toujours progressifs de l'esprit humain, mais aussi à leurs matériaux, à leur multitude populaire, et, quant à la

France, de s'être fait détrôner l'une et l'autre par eux, pour, en fin de cause, être sous la tutelle d'un gouvernement, sinon populaire, mais républicain à leur façon. Peut-il en être encore de même? Doit-il, peut-il toujours exister deux puissances gouvernementales rivales, s'entre-combattant révolutionnairement comme par le passé pour soutenir leurs deux genres de souveraineté? Resteront-ils toujours juges et parties de leurs crimes, de leurs combats et débats? N'ont-ils pas pour tuteur et juge une assemblée républicaine représentative issue du suffrage universel, forcée toutefois de le devenir en principe? La conséquence entraînante n'est-elle pas de ramener ces deux puissances à l'état normal dont elles n'avaient pas le droit légal de sortir? Qu'est-ce autre chose sinon : Ne fais pas à autrui ce que tu ne voudrais pas qu'il te fît? Qu'est-ce autre chose que de surdominer les développements de l'esprit humain dans leurs transformations en fonctions et actions matérielles contraires à l'ensemble ou à l'individu? Qu'est-ce autre chose que de ne pas confondre la pensée, le dire, le conseil, l'écrit, avec l'action? L'une est l'action morale, ou peu importe; l'autre est l'action physique, qui seule importe; l'une est la liberté, le droit de tout; l'autre est sous la tutelle des lois et des responsabilités gouvernementales. Un gouvernement ne peut donc être qu'une puissance physique; sa puissance morale n'étant pas son fait, mais bien celui de son tuteur, qui n'est autre que l'assemblée législative, qui est juge et partie de ces deux puissances, au lieu que ce soit l'individu, comme dans les siècles précédents. Ainsi donc, quant à la puissance religieuse, ce n'est plus un sentiment, une conviction, une croyance, un culte exceptionnel qu'elle soutient plus qu'un autre, mais bien maintient son droit social de temporisation pour paralyser ou détruire l'homme voulant user d'un droit individuel qui n'est pas sien, bien que, comme gouvernement, il respecte toutes les religions, toutes les croyances ou schismes; mais, placé dans une position neutre comme base morale, il ne peut exister sans avoir à rendre reconnaissance à l'Etre suprême, à cet effet, sans rien innover ni créer en schismes nouveaux, puisque ce sentiment pénètre l'athée aussi bien qu'il est l'essence divine de tous les cultes. Je vais laisser dire tout ce qu'il m'inspire et faire part de son application à un gouvernement républicain.

CHAPITRE XXII.

Témoignage de gratitude et de reconnaissance à l'Être suprême par le gouvernement français; monument à élever à cet effet.

PREMIÈREMENT.

Où est le siége du gouvernement, il sera élevé dans le terrain le plus spacieux un monument dans le genre d'un cirque, au centre duquel sera un massif constitué en labyrinthe, sur les pentes duquel seront des estrades disposées à recevoir sur chaque demi-partie circulaire des places pour au moins cent musiciens et cent chœurs de choristes. Sur la plate-forme du labyrinthe sera groupée, réunie au figuré, la Terre étendue de côté sur ses plantes céréales, ayant le coude appuyé sur des fragments de minéraux métalliques et la tête appuyée dans sa main; chacune de ses mamelles alimenterait soit un agneau, un levreau, un veau, un poulain, un enfant de chaque sexe, qu'elle maintiendrait de son autre main; derrière elle serait groupée la déesse de la République dans une position humble, ayant un genou sur l'épaule de la Terre, qui la contemplerait dans son extase d'imploration envers l'Être suprême. Dans l'espace circulaire entre le labyrinthe et les tribunes serait un parterre garni de fleurs et de fruits, avec jets d'eau, cascades sortant du rocher sur lequel la Terre est accoudée, des arbustes ne pouvaut empêcher de voir le sommet du labyrinthe, mais bien les musiciens; une voûte souterraine donnerait passage pour y entrer et en sortir: la couverture de ce cirque serait vitrée et à tabatière.

DEUXIÈMEMENT.

Du genre de célébration à l'Être suprême.

Chaque dimanche, à dix heures fixes on se réunirait et on commencerait les chants d'allégresse et les hymnes composés à cet effet, qui seraient terminés à douze heures; nul membre du dehors ne pourrait entrer pendant que les chants auraient lieu, mais bien dans les intervalles; quel que puisse être l'interrupteur, il serait condamné à la prison ou à l'amende; des troncs seront placés à chaque entrée : les fonds qui y seront déposés serviront à alléger les frais d'entretien.

TROISIÈMEMENT.

Nul membre de la société ne serait tenu ni contraint d'assister à cette célébration, vu qu'il ne serait rien changé aux célébrations et cultes existants, vu que tous ces genres de cultes seraient libres d'officier en même temps; sinon tous travaux journaliers, toutes fonctions et genres de commerce seront interdits, sauf ceux prévus par une loi sur cette matière. Tout contrevenant serait puni très-rigoureusement; ce jour serait considéré gouvernementalement comme celui de toutes les allégresses que peut cultiver l'esprit humain, et dont doivent jouir les membres d'une société, sinon celles dont les exemples sont contraires à la morale publique. Ce n'est pas un sentiment, une conviction, une croyance, un culte exceptionnel que le gouvernement soutient plus qu'un autre; c'est un fragment de sol consacré à rendre reconnaissance au Créateur où l'homme serait effacé, et ne pourrait pas se trôner ni se placer entre le Créateur et les siens pour le faire parler; mais, quel qu'il soit, il serait libre d'y assister. Le proverbe dit : « Mieux vaut s'adresser à Dieu plutôt qu'à ses saints ou apôtres. » Chacun serait libre : tout est là en morale pour combattre les possibilités de l'esprit humain dans ses maléficieux prestiges, comme aussi pour combattre l'individualisme et la personnalité exploitant, la trafiquant même sur ce que les humains ont le plus à respecter.

CONCLUSION.

Ici se termine tout ce que j'ai cru essentiel à la connaissance du droit de l'homme des temps anciens, présents et à venir; quant à l'ensemble de mes projets d'organisation sociale, un jour viendra peut-être où paraîtra le deuxième volume de mes études sur les analyses de classement des membres d'une république démocratique et sociale dans toute l'acception réelle de la valeur de chacune de ces dénominations.

TABLE DES MATIÈRES.

PARIS. — IMPRIMERIE GERDÈS, RUE SAINT-GERMAIN-DES-PRÈS, 10.

www.ingramcontent.com/pod-product-compliance
Ingram Content Group UK Ltd.
Pitfield, Milton Keynes, MK11 3LW, UK
UKHW020156200726
13856UKWH00003B/1018